# Märchen vom Grünen Fluss

Über die Autorin:

Ilona Picha-Höberth ist freie Erzählerin und Autorin.
Neben ihren künstlerischen Erzählveranstaltungen, hält sie auch
Vorträge, Seminare und Workshops, um die tiefenpsychologische
Bedeutung und heilende Botschaft von Märchen und Mythen zu
vermitteln.
Bisher erschienen im creAstro-Verlag:
„Wer küsst Rapunzels Schuh?" (2005, ISBN: 978-3-939078-00-5)
„Picco – ein Märchen" (2008, ISBN: 978-3-939078-11-1)

Nähere Informationen: www.Mythen-Reich.de

Ilona Picha-Höberth

# Märchen vom Grünen Fluss

creAstro Verlag
Gerhard Höberth

Besuchen Sie auch die Website
www.creastro.de

Bibliografische Information Der Deutschen Bibliothek

Die Deutsche Bibliothek verzeichnet diese Publikation in der
Deutschen Nationalbibliografie; detaillierte bibliografische Daten
sind im Internet über http://dnb.ddb.de abrufbar.

Ilona Picha-Höberth
Märchen vom Grünen Fluss
Wasserburg am Inn, CreAstro-Verlag Gerhard Höberth 2010
ISBN 978-3-939078-10-4

1. Auflage 2010
Grafik: Gerhard Höberth
Umschlaggestaltung: Gerhard Höberth
Printed in Germany

# Inhaltsverzeichnis

# Der weiße Hirsch

abana war der wohlklingende Name ...

... der schönen und ungestümen Tochter eines ebenso weisen, wie gütigen Königs. Die Mutter war bei ihrer Geburt gestorben und da das Mädchen seiner geliebten Frau so ähnlich sah, verwöhnte der Vater sie über alle Maßen und konnte ihr keinen Wunsch abschlagen.

So durfte sie schon von klein auf an den wilden Spielen ihrer drei älteren Brüder teilnehmen und lernte mit ihnen zusammen Reiten, Fechten und Bogenschießen.

Rabana verlebte eine glückliche und unbeschwerte Kindheit und wuchs zu einer wunderschönen jungen Frau heran. Man sah sie immer gekleidet in ein braunes Lederwams, mit hohen Stiefeln über den weiten Reiterhosen und einem leuchtend-roten Band um die Stirn. Im kunstvoll bestickten Gürtel steckte ihr Jagdmesser, das sie jederzeit flink zur Hand hatte. Tagtäglich ritt sie auf einem Hengst durch die Wälder, dessen Fell ebenso nacht-seidig glänzte wie ihr eigenes Haar, das in dichten Flechten über ihre Schultern fiel.

Der alte König hätte es gerne gesehen, dass seine geliebte Tochter endlich ein wenig ruhiger geworden wäre, einen standesgemäßen Mann genommen und ihm vielleicht auch zwei oder drei Enkelkinder geschenkt hätte. Er wusste aber nur zu genau, dass er dem liebenswürdigen Trotzkopf Rabanas nicht gewachsen war. Zwar hatten schon viele Söhne umliegender Herrscherhäuser um die Hand der Prinzessin angehalten, zumal ihre Schönheit auch weit über die Grenzen gerühmt wurde. Jedoch machte sie es jedes Mal zur Bedingung, dass der jeweilige Freier mit ihr in einen Wettkampf zu treten hatte. Und da gab es leider weit und breit keinen einzigen Recken, der es an Schnelligkeit und Treffsicherheit mit der jungen

Königstochter hätte aufnehmen können. So mussten schließlich alle heiratswilligen Prinzen unverrichteter Dinge wieder abziehen.

Rabana war das egal; sie liebte ihre Freiheit und dachte noch nicht einmal im Traum daran, eine Familie zu gründen und ihren Köcher mit den Jagdpfeilen an den Nagel zu hängen.

Eines schönen, klaren Wintertages – der frisch gefallene Schnee glitzerte im hellen Sonnenlicht wie tausend funkelnde Diamanten – fand sich im Schloss die Gesellschaft zur alljährlichen Jagd ein. Alles, was Rang und Namen hatte, war dem Ruf des Königs gefolgt und es galt als besondere Ehre, Gast bei diesem Ereignis zu sein.

Die Jäger hatten sich auf ihren Pferden im Schlosshof versammelt. Die Tiere tänzelten nervös, heißer Atem dampfte weiß aus ihren Nüstern. Die Hunde kläfften aufgeregt und zogen ungeduldig an ihren Stricken. Auch Rabana war, wie alle anderen, von einer fiebrigen Erwartung erfüllt.

Endlich gab der König den Bläsern das lang erwartete Zeichen zum Halali und die Gesellschaft nahm im donnernden Galopp die Jagd auf.

Rabanas schwarzer Hengst flog wie der Wind an Hunden und Reitern vorbei hinter ihren Brüdern her, die mit ihren Pferden bereits den Waldrand erreicht hatten. Bald schon hatten sie sich von der übrigen Jagdgesellschaft gelöst. Da hörte das Mädchen den Ruf ihres ältesten Bruders: „Schnell, mir nach, hier ist die Fährte eines Hirsches!"

Vom Jagdfieber gepackt folgten die vier den Spuren, die sich deutlich im weißen Schnee abzeichneten. Bald schon glaubten sie schemenhaft den Hirsch zwischen den Bäumen zu erkennen. Aber jedes Mal, wenn sie nahe genug heran gekommen waren, erwies sich das als Täuschung. So ritten sie, ohne es zu bemerken, immer tiefer in den Wald hinein.

Plötzlich jedoch, ohne ersichtlichen Grund, scheute Rabanas Pferd und hätte sie beinahe abgeworfen, wäre sie nicht eine so geübte Reiterin gewesen. In letzter Sekunde gelang es der Prinzessin sich im Sattel zu halten. Während sie dem Pferd, um es zu beruhigen, sanft mit der Handfläche den Hals klopfte, hob sie den Blick und sah vor sich ihre Brüder, einen nach dem anderen, in einer dichten weißen Nebelwand verschwinden.

Als keiner von ihnen mehr zu sehen war, erstarb mit einem Mal jedes Geräusch im Wald. Kein Windhauch regte sich, kein Zweig knackte mehr und kein Vogel erhob sich singend in die Lüfte. Rabana hielt den Atem an. Was war geschehen?

Sie brauchte einen Augenblick, um sich von ihrem Schreck zu erholen, dann aber nahm sie die Zügel auf und folgte der Spur ihrer Brüder. Vorsichtig näherte die Prinzessin sich der undurchdringlich erscheinenden Nebelwand, nahm ihren ganzen Mut zusammen und ritt hinein. Kalte, weiße Schwaden und eisige Totenstille umfingen sie und hüllten sie ein, wie ein feuchtes Tuch. Sie sah keinen Baum mehr und keinen Strauch, nichts, nicht einmal ihre eigene Hand vor Augen. Bald schon hatte sie jegliche Orientierung verloren und wusste gar nicht mehr, ob sie nach Süden ritt oder nach Norden. Von ihren Brüdern fand sie keine Spur und auf ihr Rufen erklang keine Antwort.

Nach einer Zeit, die ihr fast endlos erschien, lichtete sich der Nebel und sie erblickte vor sich die schattenhaften Umrisse großer, dunkler Bäume. Als sie wieder freie Sicht hatte, verspürte sie trotz all ihrer Erleichterung dennoch ein gewisses Erstaunen darüber, dass sie sich in einer ihr völlig fremden Umgebung befand. Vor sich erblickte sie den jadegrünen Mäander eines Flusses, der sich wie ein schillerndes Band um einen felsigen Hügel wand.

Während sie um sich blickte, schreckte sie ein Geräusch zu ihrer Linken auf. Rabana wandte sich um. Am Ufer stand ein gewaltiger Hirsch. Er war weiß wie das Mondlicht und auf seinem Haupt trug er ein mächtiges Geweih, auf dem Wassertropfen im hellen Sonnenlicht funkelten wie eine diamantene Krone. Rabana stand wie erstarrt. Das wunderschöne, kraftvolle Tier sah sie aus sanften, bernsteinfarbenen Augen an und es erschien ihr, als würde es bis auf den Grund ihrer Seele blicken. Langsam wandte der Hirsch sich um und schritt majestätisch zurück in den Wald. Wie durch einen magischen Zauber wusste die Königstochter, dass sie ihm nun folgen musste, und ohne ein Zeichen von ihr setzte sich sogleich auch ihr Pferd in Bewegung.

Der Weg führte sie tief in einen Auenwald hinein. Der Boden war mit feuchtem, samtig schimmernden Moos bedeckt. Durch die dichten, mit Flechten bewachsenen Bäume fielen nur mehr spärliche Sonnenstrahlen auf den weichen Waldboden. Links und rechts des verwachsenen Weges wuchsen hohe Farngräser. Rabana verlor jedes Gefühl für Zeit. Sie kamen tiefer und immer tiefer in den Wald hinein und mit jedem Schritt wurde die Luft um sie herum milder. Vögel zwitscherten und kleine weiße und blaue Blütensterne säumten ihren Pfad. Immer weiter führte der Hirsch sie in den Wald hinein. Licht und Farben veränderten sich mehr und mehr. Nach einer endlosen Weile überquerten sie eine Lichtung, auf der saftiges, grünes Gras wuchs und Blumen in allen Farben des Sommers blühten. Sie folgten einem plätschernden Bach, der sie schließlich in die dunkle Tiefe eines rotgoldenen Herbstwaldes geleitete und schon raschelte buntes Laub unter den Hufen ihres Pferdes.

Je länger sie unterwegs waren, umso kälter wurde es. Nach und nach kam ein eisiger Wind auf, kleine Schneeflocken tanzten vom Himmel herab und der eben noch so muntere Bach mündete in einen vereisten Teich.

In der Ferne hörte man noch den Ruf eines Käuzchens, dann senkte sich die Abendruhe über den Wald und die Dämmerung brach herein. Bald darauf blitzten neben der hellen Sichel des Mondes auch die ersten Sterne am eisklaren Firmament.

Rabana fröstelte. Der weiße Hirsch führte sie zum Eingang einer steinernen Höhle am Fuße eines hohen Berges. Erschöpft stieg die Königstochter vom Pferd, führte es in die Höhle hinein und nachdem sie einige trockene Äste für ein Feuer gefunden hatte, schlug sie dort ihr Nachtlager auf.

Trotz ihrer Müdigkeit fand die Prinzessin keine Ruhe. Das Feuer warf flackernde Schatten an die Höhlenwände. Würde sie ihre Brüder jemals wiedersehen? Was war mit ihnen geschehen? Kummer und Angst schnürten ihr die Kehle zu. Heiße Tränen brannten in ihren Augen.

Irgendwann musste Rabana dennoch eingeschlafen sein. Sie wusste nicht, wie viel Zeit vergangen war, als sie davon erwachte, dass ihre Decke sanft angehoben wurde und eine Gestalt sich neben ihr auf dem Lager ausstreckte. Sie nahm einen zarten Hauch von Hölzern und Gräsern wahr und spürte ein unzähmbares Verlangen, sich hinzugeben. So lag sie schließlich mit dem geheimnisvollen Fremden die ganze Nacht Lippen an Lippen und Haut an Haut.

Als die Prinzessin am anderen Morgen erwachte, war sie allein und sie wusste gar nicht mehr, ob das alles Wirklichkeit oder nur ein seltsamer Traum gewesen war.


Rabana erhob sich und sah sich in der Höhle um. Im hellen Schein der Fackel, die sie mit sich trug, entdeckte sie am hinteren Ende einen schmalen, dunklen Durchgang, der tiefer in den Berg führte. Entschlossen wagte sie sich hinein und folgte den engen Windungen. Nach einer Weile wurde der Felsweg so eng, dass das Mädchen kaum noch aufrecht gehen konnte. Sie spürte unter sich blankes Eis. Plötzlich verlor sie den Halt, die Fackel glitt aus ihrer Hand und erlosch an der eisigen Felsenwand. Rabana schlitterte den engen Hohlweg hindurch, bis sie sich unvermittelt in einer weiten, hellen Halle wieder fand. Um sie herum glitzerten Tausende von Eiskristallen. Lange, bizarr geformte Eiszapfen hingen von der Decke herab. Geblendet von all dem Funkeln und Glitzern schloss Rabana die Augen. Als sie nach einer Weile ihre Lider wieder öffnete und sich umsah, blieb ihr fast das Herz stehen vor Schreck.

Vor ihr standen die zu Eis erstarrten Gestalten ihrer Brüder. Und nicht nur sie! Um die drei herum befanden sich noch unzählige weitere vereiste Menschen. Rabana näherte sich und erkannte an der steinhart gefrorenen Kleidung einen Koch, einen Bäcker, einen Schuster und viele, viele andere in ihren typischen Standestrachten. Vorsichtig berührte die Prinzessin ihre Brüder, rief sie mit ihren Namen; aber die jungen Männer bewegten sich nicht. Leblos und kalt blickten sie ihre Schwester aus traurigen Augen an.

Rabana war verzweifelt. Was sollte sie tun? Sie wusste ja nicht einmal, wo sie war, wie konnte sie da Hilfe finden? Vielleicht war der weiße Hirsch ihre Rettung? Er hatte sie schließlich hierher geführt. Erfüllt von dieser Hoffnung machte sie sich wieder auf den Rückweg. Lange irrte sie durch das Labyrinth aus Gängen und Felssteigen und es war bereits späte Nacht, bis sie endlich den richtigen Weg zurück zur Höhle fand. Bei ihrem Lager angekommen, schürte sie das Feuer und legte sich erschöpft zur Ruhe.

Aber kaum, dass sie eingeschlafen war, wiederholte sich das Geschehen der vorangegangen Nacht. Wieder wurde sie geweckt, als sich ein Mann neben sie legte. Dieses Mal aber fragte Rabana nach seinem geheimnisvollen Erscheinen. „Wer bist du?" Sanft legte er seinen Finger auf ihre Lippen: „Frag mich nicht! Ich kann es dir nicht sagen. Noch nicht. Du musst noch etwas Geduld haben. Aber vertraue mir! Ich will dir helfen, deine Brüder zu befreien. Du hast schwierige Aufgaben zu bewältigen. Die erste wird dich in die Tiefe eines Bergsees führen. Auf seinem Grund liegt ein alter, kupferner Kessel, den musst du holen."

„Aber wo finde ich diesen See?"

„Der weiße Hirsch wird dich führen!"

Und tatsächlich stand am anderen Morgen der weiße Hirsch vor dem Eingang der Höhle. Er blickte das Mädchen aus seinen bernsteinfarbenen Augen an und schritt ihr voran den Berg hinauf.

Oben angekommen, blickte Rabana auf eine blumenübersäte Almwiese, in deren Mitte ein grüner See ruhte.

Ohne lange zu zögern schlüpfte sie aus den Kleidern, nahm ihr Messer und sprang in die eiskalten Fluten. Sie tauchte tief hinab, bis auf den Grund. Seegräser und Schlingpflanzen umfingen sie, umschlangen Arme und Fußknöchel und das Mädchen musste sich immer wieder mit ihrem Messer davon befreien. Endlich entdeckte sie, halb verborgen im schlammigen Grund, den kupfernen Kessel. Sie zog ihn heraus und schwamm völlig außer Atem und mit letzter Kraft zurück ans Ufer.

In der folgenden Nacht erzählte ihr der fremde Geliebte von einem Kraut, das an einem rotblühenden Busch hoch oben im Gebirge wuchs. „Dieses Kraut musst du holen, wenn du deine Brüder erlösen willst."

So machte Rabana sich am anderen Morgen unter der Führung des weißen Hirsches an den Aufstieg ins Gebirge. Zunächst wanderte sie grüne, von hohen Tannen umsäumte Almen hinauf, bis sie schließlich zu steilen, schroffen Felsen gelangte. Während der Hirsch dort zurückblieb, kletterte die Prinzessin alleine höher und höher hinauf. Ihr Herz klopfte heftig vor Anstrengung, und an den scharfkantigen Steinen riss sie sich die Hände blutig. Aber endlich hatte sie den Gipfel erklommen. Dort oben gab es nichts mehr als den endlos blauen Himmel über ihr und einen einsamen grünen Busch, der, übersät mit leuchtend roten Blüten, aus dem kargen Felsen wuchs. Sie schnitt mit ihrem Messer einige Zweige ab, steckte sie in ihre Tasche und kletterte wieder hinab.

In dieser Nacht wartete Rabana vergeblich auf ihren Liebsten. Als der Morgen graute und er immer noch nicht erschienen war, sah sie sich in der Höhle um. Ihr Blick fiel auf den kupfernen Kessel und das rotblühende Kraut, das sie gestern beim Zurückkommen dort hinein gelegt hatte.

Was sollte sie tun? Konnte sie damit schon ihre Brüder retten? Die Prinzessin überlegte – waren es denn nicht immer drei Aufgaben, die zu lösen waren, um einen Bann zu brechen?

Da es aber nicht Rabanas Art war, untätig abzuwarten, sammelte sie einige trockene Zweige, nahm den Kessel und machte sich erneut auf den schwierigen Weg in die Eishöhle hinab. Dort angekommen, entfachte sie ein Feuer, hängte den Kessel darüber, ließ einige abgebrochene Eiszapfen darin schmelzen und braute dann einen Sud aus den mitgebrachten Kräutern.


Während das Mädchen vor dem heißen Kessel saß und die unbeweglichen, zu Eis erstarrten Gestalten vor sich sah, überkam sie eine tiefe Traurigkeit. Was, wenn sie ihre Brüder nie wieder in die Arme schließen konnte? Was, wenn der Fremde, den sie schon so lieb gewonnen hatte, nie wieder zu ihr zurück käme und sie nie erfahren würde, wer er war?

Rabanas Verzweiflung wurde immer größer, ihr Herz wurde schwer wie Blei. Schließlich rannen dicke Tränen über ihre Wangen herab und tropften in den Kessel hinein. Genau in diesem Moment begann es darin zu zischen und zu brodeln. Roter Dampf stieg auf und verbreitete sich nach und nach in der ganzen Höhle. Als

Rabana zu den Verzauberten blickte, sah sie durch die immer dichter werdenden Schwaden, dass das Eis langsam zu schmelzen begann. Wassertropfen um Wassertropfen rann herab, zunächst nur an den Köpfen und Gesichtern, aber bald schon an den gesamten Körpern.

Plötzlich erhob sich ein derart lautes Krachen, dass die gesamte Höhle erbebte, gerade so, als würde sie einstürzen. Eine schwefelgelbe, stinkende Rauchwolke stieg in die Höhe, und als diese sich endlich gelegt hatte, stand eine furchterregende Hexe vor Rabana. Sie war das hässlichste Wesen, das die Königstochter jemals gesehen hatte. Ihr Gesicht war durchzogen von unzähligen Furchen und Runzeln, auf ihrer krummen Nase wuchs eine dicke, schwarze Warze. Die Haare standen ihr wirr vom Kopf ab und auf ihrem Rücken thronte ein gewaltiger Buckel. Die Alte hielt eine gebogene Haselrute in der Hand, während sie das Mädchen aus böse funkelnden Augen ansah:

„Iiihhh! Das hast du dir so gedacht – hä? – Glaube ja nicht, dass ich so einfach zulassen werde, dass du meinen Zauber störst!" Drohend erhob die Hexe ihre Rute. „Wenn ich dich damit berühre, dann wirst auch du bald genauso zu Eis erstarrt sein wie alle die Anderen hier – hähähä!" Sie kicherte boshaft und schnellte auf Rabana zu, die sich geistesgegenwärtig im richtigen Moment duckte. Zischend fuhr die Haselrute über ihren Kopf hinweg ins Leere. Blitzschnell zog das Mädchen ihr Messer aus dem Gürtel, als die Hexe schon auf ein Neues versuchte, auf sie einzuschlagen. Dieses Mal zielte sie auf ihre Beine; aber wieder gelang es Rabana durch einen geschickten Sprung auszuweichen.

Während die Alte nun zu einem weiteren Schlag ausholte, sprang ihr die Prinzessin mit dem Messer in der erhobenen Hand todesmutig entgegen. Im selben Augenblick jedoch nahm sie einen großen, hellen Schatten wahr, der sich von links zwischen die beiden Kämpfenden warf. Erschrocken spürte sie, wie ihr Messer warmes, weiches Fleisch durchdrang, und nun sah sie auch den weißen Hirsch mit einer blutenden Wunde am Herzen zu Boden brechen.

So sehr sie gewollt hätte, aber Rabana konnte sich jetzt nicht um die tödlich verwundete Kreatur kümmern. Angespannt erwartete sie den erneuten Angriff der Hexe. Sie blickte auf und wieder sah sie sich eingehüllt in schwefelgelbe Schwaden, die ihr die Sicht nahmen. Beißender Geruch raubte ihr den Atem. Von welcher Seite würde der nächste Stoß kommen? Rabana blickte sich um wie ein gehetztes Tier. Aber da war nichts, nicht hinter ihr, nicht seitlich, nicht vor ihr. Als der Schwefelnebel sich endlich gelegt hatte, bemerkte sie, dass die Hexe verschwunden war. Von den eisigen Wänden hallte zwar noch ihr boshaftes, schrilles Kichern, das aber immer leiser wurde und schließlich ganz verschwand. Dann herrschte Totenstille, die lediglich von dem Geräusch herabfallender Wassertropfen durchbrochen wurde.

Besorgt wandte sich die Prinzessin nun dem Hirsch zu. Aber welche Überraschung! An seiner Stelle lag dort auf dem eisigen Boden ein wunderschöner, gut gewachsener Jüngling. Sein Haupt war umkränzt mit goldblonden Locken und er sah Rabana aus sanften, bernsteinfarbenen Augen liebevoll an. Als sie sich näherte, nahm sie einen leichten Hauch von Hölzern und Gräsern wahr und die Erinnerung an ihre geheimnisvollen Nächte in der Höhle wurde wach.

„Wer bist du?", fragte sie.

„Jetzt, da du den Zauber gebrochen hast, kann ich es dir sagen", antwortete er. Und während er nun dazu ansetzte, seine Geschichte zu erzählen, sahen die beiden sich umringt von all den aus dem Eis befreiten Menschen. Da drängte sich der Schmied neben den Färber, der Lederer neben den Schiffer und der Bäcker neben den Weber, und als sie nun aufsah, blickte Rabana auch in die glücklichen, erlösten Gesichter ihrer Brüder.

Alle lauschten nun den Worten des jungen Mannes, der davon berichtete, dass er einst als Landvogt während einer Jagd versehentlich in das Reich der bösen Hexe gelangt war. Sie hatte ihn verzaubert und so musste er am Tag als weißer Hirsch durch die Wälder streifen und nur des Nachts war es ihm gestattet, in seine menschliche Gestalt zurückzufinden. Jeder, der ihn in Tiergestalt erblickte und seiner Spur in die Höhle folgte, war dazu verdammt, zu Eis zu erstarren. Viele hundert Jahre ging das so. Bis endlich eine mutige Frau kam, die ihn liebte und ihn dennoch durch einen Stich ins Herz tötete, damit er als Mensch wiedergeboren werden konnte.

„Und du, meine geliebte Rabana, bist diese Frau. Deshalb möchte ich nur dich und keine andere zu meiner Gefährtin nehmen. Da ich aber nach dieser langen Zeit kein Reich mehr besitze, in das ich dich heimführen kann, will ich mit dir und all diesen Menschen hier, die nach ihrer langen Verzauberung keine Heimat mehr haben, eine neue Stadt gründen. Dies soll genau an jener Stelle am grünen Fluss geschehen, an der wir uns zum ersten Mal trafen."

Während die drei Brüder nun glücklich wieder zurück an den Königshof zogen, erbauten Rabana und ihr Gemahl mit all den tüchtigen Handwerkern aus der Eishöhle eine Burg, schützend umgeben von einem Mäander des jadegrünen Flusses. Die beiden lebten lange und sehr zufrieden und führten unter ihrer Herrschaft die kleine Stadt zu Wohlstand und Glück.

# Das Wasserweibchen vom Innfluss

nter den hohen Weiden ...

… am grünen Innfluss, deren Blätter so silberhell schimmern wie das Mondlicht, lebte einst eine wunderschöne Gräfin zusammen mit ihrem Gemahl, dem Grafen. Die beiden waren einander in großer Liebe zugetan. Alles, was ihnen zu ihrem Glück noch fehlte, war ein Kind und so hofften sie Jahr um Jahr darauf, dass ihnen eines geboren würde.

Jeden Tag, wenn der Graf seinen Regierungspflichten nachkam, ging die junge Gräfin hinunter ans Ufer und blickte traurig und sehnsuchtsvoll in die Fluten, während das Rauschen des Windes in den Blättern ihre traumwunde Seele streichelte. „Ach", seufzte sie tief, „wenn ich doch nur endlich ein Kindchen in meinen Armen schaukeln könnte." Eines Tages, als sie wieder einmal so saß und gerade ihr weißes Spitzentaschentuch heraus genommen hatte, um ihre Tränen zu trocknen, da hörte sie plötzlich eine sanfte Stimme: „Was macht dich denn so traurig, liebe Frau?" Die Gräfin blickte auf und sah vor sich in den Fluten ein Wasserweibchen mit einem Leib so hell wie Marmor und wallendem grünen Haar.

„Ich bin so traurig, weil ich kein Kindlein habe und mein Gemahl und ich uns doch so sehr eines wünschen", sagte sie.

„Dein Wunsch soll in Erfüllung gehen", sprach das Wasserweibchen. „Geh nach Hause und gräme dich nicht mehr. Du musst mir nur versprechen, dass ich bei deinem Töchterlein die Patin sein darf."

„Das will ich gerne tun!", entgegnete die Gräfin. Und als sie sich erhob, um zurück nach Hause zu gehen, spürte sie schon ihren ganzen Kummer schwinden.

In den folgenden Wochen fühlte sie sich so leicht und so fröhlich, wie schon lange nicht mehr und tatsächlich brachte sie auch binnen eines Jahres ein gesundes und schönes Mädchen mit pechschwarzem Haar und samtbraunen Augen auf die Welt.

Der Graf und die Gräfin waren außer sich vor Freude. Es wurde ein großes Tauffest ausgerichtet und wie versprochen wurde hierzu als Patin auch das Wasserweibchen aus dem Inn geladen.

Von überall her waren bereits die Gäste eingetroffen. Man saß zusammen an reich gedeckten Tafeln, erlesene Speisen füllten die Teller und kostbarer Wein funkelte rot wie Blut in kristallenen Gläsern. Jeder Mann und jede Frau im Saal wartete gespannt auf das Eintreffen der wundersamen Patin. Endlich war es soweit: Die beiden großen Türflügel öffneten sich und die Wasserfrau trat herein. Ein heller, wallender Schleier bedeckte ihr Haupt mit dem schilfgrünen Haar. Ihr Kleid mit der langen Schleppe hatte die Farbe der silbernen Weidenblätter. Jedoch erschien sie nicht, wie sonst, mit einem schuppigen Fischschwanz, sondern ging aufrecht auf zwei Beinen, wie ein Mensch und während sie so schritt, hinterließ sie eine feuchte, sandige Spur auf dem Boden. Sie trat geradewegs vor die Eltern hin und übergab ihnen einen kleinen geflochtenen Korb. Als die Mutter das Tuch, mit dem er abgedeckt war, zurückschlug, lagen darin drei goldene Kastanien. „Dies ist mein Patengeschenk an den kleinen Täufling", sagte sie. „Hütet diese Kastanien gut, denn sie werden eurem Kindlein einmal von großem Nutzen sein!"

Dann nahm sie den Säugling auf den Arm und trug ihn zur Taufe.

Leider währte das Glück der jungen Grafenfamilie nicht lange. Denn nur wenige Jahre später starb die junge Mutter durch ein schreckliches Unglück. Der Graf, der zunächst untröstlich gewesen war, nahm sich jedoch gleich nach Ablauf des Trauerjahres eine neue Frau, um dem Mädchen wieder eine Mutter zu geben und widmete sich selbst wieder seinen Regierungsgeschäften.

Die Stiefmutter jedoch kümmerte sich nicht viel um das Mädchen. Sie wollte lieber ein eigenes Kindlein haben und war zornig darüber, dass sie keines bekam.

Das Mädchen aber wuchs heran und wurde eine schöne junge Frau. Immer noch hütete sie, wie einen großen Schatz, die drei goldenen Kastanien, das Taufgeschenk ihrer Patin. Wie ihre Mutter es getan hatte, so ging auch sie jeden Tag hinunter zum grünen Innfluss und blickte in die Fluten. Und jedes Mal tauchte nach einem Weilchen das Wasserweibchen auf, sprach mit dem Mädchen, tröstete es in seinem Kummer und erzählte ihm viele Geschichten über das Leben im Wasser und auf der Erde.

Als es so um die Zeit war, da das Mädchen siebzehn Jahre alt geworden war, wurde die Stiefmutter immer unleidlicher zu ihr und immer eifersüchtiger. Sie konnte es nicht mehr ertragen, die immer schöner werdende Tochter des Grafen um sich zu haben und befahl ihr eines Tages, ihre Sachen zu packen und in die Welt hinauszuziehen.

So schnürte das Mädchen einige wenige Habseligkeiten zusammen, legte vorsichtig die drei goldenen Kastanien in ihr Bündel und verließ schweren Herzens das Haus ihres Vaters.

Noch einmal ging sie hinunter zum Flussufer und rief nach dem Wasserweibchen.

„Geh nur deinen Weg, hab keine Angst!", sprach die Nixe zu ihr. „Du musst nichts fürchten. Vergiss nicht, dass du die drei Kastanien bei dir hast. Jede von ihnen wird dir einen Wunsch erfüllen. Du musst eine davon in die Hand nehmen, dreimal darauf spucken und sie hinter dich werfen. Aber achte darauf, dass du die letzte der drei Kastanien nicht durch Unachtsamkeit zu früh benutzt. Heb' sie dir auf, wenn du einmal in großer Not bist!"

So wanderte das Mädchen, das ja gar nicht wusste, wohin es gehen sollte, den Fluss entlang. Immer weiter, viele Tage, bis sie eines Tages ein junge Magd traf, die ihr entgegenkam.

„Woher kommst du denn?", fragte das Mädchen

„Aus der Stadt Wasserburg."

„Gibt es denn dort Arbeit für eine Magd?"

„Ja, freilich. Mehr als genug. Aber in eurem teuren Gewand werdet Ihr wohl keine Anstellung finden!"

Das Mädchen sah an sich herunter. Die Magd hatte Recht. Auch wenn ihr Kleid durch die lange Wanderung schon recht angeschmutzt und am Saum sogar etwas zerrissen war, würde ihr wohl niemand einen Dienst in einer Koch- oder Backstube geben, wenn man sah, dass sie aus gutem Hause stammte.

So überredete sie die junge Magd mit ihr die Kleidung zu tauschen und machte sich in deren einfachen grauen Schürze auf den Weg direkt zur Burg hinauf.

Dort konnte man tatsächlich gerade in der Küche jede tüchtige Hand gut gebrauchen. Denn der Sohn des Burgherren sollte endlich verheiratet werden und deshalb traf man Vorbereitungen für große Festlichkeiten. Von überall her waren die schönsten Mädchen aus den besten Häusern eingeladen und der angehende Bräutigam würde sich diejenige unter ihnen auswählen, die ihm am besten gefiel.

Die Grafentochter wurde der alten, herzensguten Köchin unterstellt, der sie von nun an zur Hand gehen sollte. Am nächsten Tag, als das Mädchen mit einer Hand voll Kräuter aus dem Burggarten über den Hof zurück zur Küche ging, war gerade auch der Sohn der Herrschaft auf dem Weg zu den Stallungen. Während er jedoch die junge Küchenhilfe keines Blickes würdigte, blieb ihr fast das Herz stehen, als sie ihn sah. Er war so schön, so wohlgewachsen, mit lockigem, blonden Haar und strahlenden, blauen Augen, dass sie sich auf der Stelle in ihn verliebte.

Mit klopfendem Herzen ging sie wieder in die Küche zurück und nahm ihre Arbeit auf. Dabei zitterten ihre Hände so sehr, dass ihr jede Schüssel und jeder Löffel zu Boden fiel.

„Was ist nur mir dir los, Kind?", fragte die alte Köchin. Als sie aber sah, dass der Blick des Mädchens immer noch nach draußen ging und dem jungen Burgherren folgte, da ahnte sie, was geschehen war.

„Schlag dir das bloß aus dem Kopf!", meinte sie. „Das macht dich nur unglücklich. Eine Küchenmagd ist nicht dazu auserkoren, Burgherrin zu werden. Außerdem wird der junge Herr sich bald verloben. Morgen Abend schon wird er sich unter den anwesenden Jungfrauen eine geeignete Braut suchen."

Am nächsten Abend, – die Gäste waren alle schon auf der Burg eingetroffen und hatten sich nach und nach in den großen Festsaal begeben –, zog das Mädchen sich in ihre Kammer zurück, holte ihr Bündel unter dem Bett hervor und nahm eine der drei Kastanien heraus.

Sie blickte die goldschimmernde Kugel auf ihrer Handfläche lange an. Zunächst war sie wohl ein wenig unsicher, ob sie es wagen sollte. Aber dann nahm sie ihren ganzen Mut zusammen, schloss die Augen, spuckte dreimal darauf und warf die Kastanie über ihre Schulter nach hinten.

Als sie nun ihre Lider wieder öffnete, war alles genau so, wie sie es sich gewünscht hatte. Sie war gekleidet in ein wunderschönes Gewand aus himmelblauer Seide. Ihre Füße steckten in zierlichen Stiefelchen. Die Augen waren verdeckt von einer Maske aus weißen Taubenfedern, im kunstvoll hochgetürmten Haar glänzte ein Diadem aus funkelnden Silbersternen und um ihren Hals schimmerte eine Collier aus blanken Edelsteinen. Das Mädchen raffte ihre Röcke und huschte geschwind, um nur ja nicht auf den Gängen der Burg entdeckt zu werden, in den Festsaal hinein.


Dort war der angehende Bräutigam gerade dabei, die Gäste und ihre mehr oder weniger liebreizenden Töchter zu begrüßen. Anmutig senkten die jungen Mädchen Häupter und Blicke, während sie artig knicksend ihre in weiße Spitzenhandschuhe gehüllten Hände zum Kuss entgegen boten.

Der Burggrafensohn schritt artig die Reihe ab, äußerte, wie es sich gehörte, höfliche Komplimente, lächelte, nickte und ging weiter. Sicherlich waren hier die schönsten heiratsfähigen Frauenzimmer aller umliegenden Grafschaften versammelt, das musste er schon zugeben, jedoch gab es keine einzige unter ihnen, bei deren Anblick sein Herz wenigstens ein wenig stolperte und sein Atem auch nur ein bisschen stockte. Keine... bis auf... ja, bis auf das letzte Mädchen in der Reihe, das da stand in einem Kleid aus himmelblauer Seide und mit einem funkelndem Diadem aus glitzernden Silbersternen auf dem pechschwarzen Haar. Als er sich näherte, sah er, dass unter einer Maske aus weißen Taubenfedern warme, samtbraune Augen hervorblitzten. Während der junge Edelmann nun ihre Hand nahm, fing sein Herz so schnell und so heftig an zu schlagen wie niemals zuvor.

Von diesem Moment an hatte er nur noch Augen für die schöne Fremde. Er wollte mit keiner anderen mehr tanzen oder sprechen als nur mit ihr. Nachdem der letzte Takt des letzten Tanzes verklungen war und das Fest sich dem Ende zuneigte, fragte er sie nach ihrem Namen.

„Das soll vorerst mein Geheimnis bleiben", entgegnete sie, „denn nicht nur Ihr wollt wählen, auch ich will sehen, ob Ihr der Rechte für mich seid."

„Wenn es so ist", meinte er, „dann soll es heute in einer Woche wieder einen Ball hier auf der Burg geben und wir werden uns ein wenig besser kennen lernen."

„So soll es sein!", sagte sie, drehte sich auf dem Absatz um und lief geschwind aus dem Saal. Ehe ihr jemand folgen konnte, hatte sie schon ihre Kammer erreicht, war aus ihrem Kleid geschlüpft und hatte es unter ihrem Bett versteckt.

Als nun eine Woche vorüber war, fand auf der Burg wiederum ein Fest statt.

Auch dieses Mal holte das Mädchen eine goldene Kastanie aus ihrem Bündel, legte sie auf die Handfläche, spuckte dreimal darauf und warf sie, einen Wunsch flüsternd, hinter sich.

Schon kurze Zeit später erschien sie im Festsaal, gekleidet in ein Gewand aus roter Seide, ein Kollier aus funkelnden Granaten um den schlanken Hals und einer strahlenden, goldenen Sonne auf dem Haupt. Die Augen lagen wieder verborgen hinter einer Maske aus den leuchtend bunten Federn eines Eichelhähers.

Auch an diesem Abend tanzte der junge Burgherr nur mit ihr. Als das Fest zu Ende ging, da nahm er die Hand des Mädchen, steckte ihr einen goldenen Ring mit einem funkelnden Rubin daran an den Finger und sprach: „Ich weiß, dass du die Rechte für mich bist. Dich will ich oder keine und heute musst du mir deinen Namen nennen!" Aber wieder bat sie um Aufschub, drehte sich um und lief davon.

So war wieder eine Woche ins Land gezogen. Erneut kamen Gäste von nah und fern und hofften voller Spannung darauf, dass der junge Edelmann dieses Mal nun endlich seine Entscheidung treffen und eine Verlobung bekannt geben würde.

Diejenige jedoch, der sein ganzes Sehnen galt, saß auf ihrem Lager und hielt die dritte und letzte Kastanie in ihren Händen. Wie groß war ihr Verlangen, sich noch einmal ein prächtiges Gewand zuwünschen, um am Arm ihres Geliebten durch den Burgsaal zu tanzen. Aber erinnerte sie sich an die Worte des Wasserweibchens und ihre Warnung, den letzten Wunsch nicht unachtsam zu vergeuden. So steckte sie schweren Herzens die Kastanie zusammen mit dem Rubinring in die Tasche ihrer armseligen Kittelschürze und blieb in ihrer Kammer.

Als sie am anderen Morgen wieder die Küche kam, tuschelte die gesamte Dienerschaft über die merkwürdigen Ereignisse des vergangenen Abends. Der Sohn des Burgherren war so verzweifelt darüber gewesen, dass die geheimnisvolle Schöne mit der Vogelfedermaske nicht erschienen war. Wortlos hätte er den Saal verlassen und sich in seine Gemächer zurückgezogen. Dort würde er immer noch auf seinem Bett liegen, mit niemanden sprechen, nichts essen und auch nichts trinken. Der Burgherr sei außer sich vor Sorge.

Die Köchin war angewiesen, die Lieblingsspeisen des jungen Herrn zuzubereiten, damit es ihm bald wieder besser gehe.

Jedoch es ging ihm nicht besser. Tag um Tag verging, sein Zustand verschlechterte sich zusehends. Aus Landshut und Salzburg wurden die besten Ärzte gerufen und auf ihre Rezepturen hin sollte eine besondere Kräutersuppe zubereitet werden, die den liebeskranken Grafensohn bald wieder zu Kräften kommen lassen würde. Und in der Küche befahl die alte Köchin, deren flinken Augen und offenem Herzen nichts entging, der jungen Küchenhilfe diese Suppe zuzubereiten. Nachdem sie die Zutaten zusammengemischt hatte, sah sie dem Mädchen mit wissendem Blick tief in die Augen und sprach: „Die letzte Zutat, mein Kind, muss von dir kommen. Du weißt schon, was ich meine."

Und das Mädchen fuhr mit der Hand in ihre Schürzentasche, holte den Ring mit dem Rubin heraus und ließ ihn in die Suppenschüssel fallen. Dann machte sie sich damit auf den Weg in das Gemach des Grafensohnes.

Dieser lag immer noch mit tiefen Schatten unter den geschlossenen Lidern auf seinem Lager. Behutsam bettete ihm sein Diener ein dickes Kissen unter das Haupt und als der Dampf der heißen Suppe aufstieg, da spürte der junge Mann zum ersten Mal seit langem wieder ein wenig Appetit. „Wenigstens ein paar Löffelchen will ich kosten", murmelte er. Als er jedoch den ersten Schluck im Mund hatte, da stieß seine Zunge an etwas Hartes. Er spuckte es aus und sah zu seiner Verwunderung auf seiner Hand den Rubinring liegen, den er seiner Angebeteten geschenkt hatte. Sofort waren seine Lebensgeister wieder erwacht.

„Wer hat die Suppe gekocht?", rief er.

„Ich", sagte das Mädchen mit zitternder Stimme, „ich war es!"

„Was, du? Und wie bist du an diesen Ring gekommen?"

„Aber Herr, diesen Ring habt Ihr mir doch selbst geschenkt!"

„Du wagst es, so etwas zu behaupten? Du nichtsnutzige Magd du! Schau dich doch an, wie zerlumpt und schmutzig du bist. Du wirst den Ring wohl gestohlen haben!"

Und noch ehe das Mädchen etwas sagen konnte, hatte er auch schon die Burgwachen gerufen, die das Mädchen links und rechts an den Armen packten und es aus der Burg schleiften.

Bald darauf schon saß die Arme im finsteren Verlies des Hungerturmes draußen vor der Stadtmauer und weinte bittere Tränen.

Von der Burg herab ließ man indes die Kunde verbreiten, dass man auf der Suche nach der geheimnisvollen jungen Frau mit der Federmaske sei, an deren Finger der Rubinring passe. Und so fuhren erneut alle jungen Mädchen in ihren kostbaren Kutschen durch das Brucktor hindurch auf die Burg hinauf, um noch einmal ihr Glück zu versuchen. Mit großen Hoffnungen und Bangen reichten sie dem jungen Burggrafen ihre Hände, damit er ihnen den Rubinring anprobieren konnte. Jedoch es fand sich keine passende Hand. Der eine Finger war zu dick, der andere zu dünn und bei mancher Jungfrau sah er schon auf den ersten Blick, dass es sich nicht um die zarte Hand seiner Angebeteten handeln konnte.

Nachdem alle jungen Mädchen bitter enttäuscht wieder zurück zu den Anwesen ihrer Eltern fuhren, zog der Burggrafensohn sich in seine Kammer zurück und brütete vor sich hin.

Währenddessen saß die arme Grafentochter immer noch im Verlies bei Wasser und Brot. Ihre Verzweiflung war so groß. Wer würde ihr denn glauben, dass sie keine armselige Küchenmagd und schon gar keine Diebin war, sondern das Edelfräulein, in das der junge Burgherr sich verliebt hatte?

Sie fuhr mit der Hand in die Tasche ihres Kittels, und da umschlossen ihre Finger die letzte der drei goldenen Kastanien. Nun wusste sie, weshalb sie diese bisher aufbewahren musste. Sie holte sie hervor, legte sie auf ihre Handfläche, schloss die Augen, spuckte dreimal darauf und warf sie schließlich hinter sich ins Stroh.

Es war bereits am nächsten Tag, als der Burggraf beschloss, dem stillen Leiden seines Sohnes nicht mehr länger zuzusehen. Er trat in dessen Gemach und sprach: „Mein Sohn, wenn dieses Mädchen nicht mehr aufzufinden ist, dann war es nur ein Trugbild. Schlag sie dir aus dem Kopf! Das Leben geht weiter und du wirst eine andere finden, mit der du glücklich wirst. Du darfst dich nicht so gehen lassen, das ziemt sich nicht für dich. Ich erwarte von dir, dass du morgen früh mit mir zur Jagd reitest, dann wirst du schon auf andere Gedanken kommen!"

Diesem Befehl seines Vaters wagte der junge Mann sich nicht zu widersetzen und so erhob er sich früh am anderen Morgen, kleidete sich in sein laubgrünes Wams und machte sich auf den Weg zu den Stallungen. Nachdem die besten Pferde gerüstet waren, schwangen die beiden Männer sich in ihre Sättel und ritten von der Burg herab durch die Stadt, durchquerten das Tor des Roten Turmes und kamen draußen vor der Stadtmauer schließlich am Hungerturm vorbei.

Gerade in diesem Augenblick hörte der junge Grafensohn eine liebliche Weise. Er hielt sein Pferd an und lauschte. Ja, er war sich ganz sicher, diese Stimme hatte er schon einmal gehört, sie rührte sein Herz auf seltsame Weise. So stieg er also ab und machte sich auf den Weg in den Turm hinein. Von der Wache ließ er sich sogleich das Verlies öffnen und sah die junge, schäbig gekleidete Magd an der mit Eisenstäben vergitterten Luke stehen, die traurig ihr sehnsuchtsvolles Lied dem kleinen Stückchen blauen Himmel, das sie durch diese Enge zu sehen bekam, entgegen sang. Durch das Geklapper des Schlüsselbundes und das Quietschen der Zelltüre hoch geschreckt, verstummte sie, wandte sich um und sah zu ihrer Verwunderung den Grafensohn vor sich, der mit schnellen, schweren Stiefelschritten auf sie zu eilte. Genau in diesem Moment fiel ein Sonnenstrahl durch das Gitter und er erkannte plötzlich diesen warmen Schein jener samtbraunen Augen wieder, die sein Herz so schnell hatten schlagen lassen und in die er sich schon beim ersten Blick verliebte.

Geschwind nahm er sie bei der Hand, führte sie nach draußen und ritt, zur Verwunderung seines Vaters, mit ihr zusammen zurück auf die Burg.


Nachdem schon kurze Zeit später die Herrschaften auf der Burg von der standesgemäßen Herkunft der Herzensdame ihres Sohnes überzeugt waren, rüstete man sich zu einer großen Hochzeitsfeier. Es war ein solch prunkvolles Fest, wie man es in der Gegend von Wasserburg noch nicht erlebt hatte. Nach der Trauung fuhr das Brautpaar mit einer prachtvollen Kutsche, gezogen von acht weißen Pferden mit hohen Federbuschen auf den Köpfen, von der Burg herab durch die Stadt. Überall, ob in der Herrengasse, der Hofstatt oder in der Ledererzeile, hatte sich von den Bürgern bis über die Zünfte, von den Bauern bis hin zum einfachen Volk, alles was laufen konnte, vor den festlich geschmückten Häusern eingefunden und ließen das Brautpaar mit großem Jubel hochleben. Die beiden lebten lange Zeit glücklich und zufrieden. Und bei jedem der vielen Kinder, denen sie das Leben schenkten, wurde das Wasserweibchen aus den grünen Innfluten zum Tauffest geladen.

# Das Geheimnis
# der silbernen Muschel

m Ufer des grünen Flusses ...

... dort, wo die Wogen für den, der sie versteht, Geschichten aus fernen Zeiten erzählen, lebte einst ein Holzfäller mit seiner Frau in einer kleinen Hütte. Die beiden waren sehr zufrieden, jedoch es fehlte ihnen noch etwas zum Glück. „Ach, wie gerne", sagten sie immer wieder, „würden wir das fröhliche Lachen eines Kindes bei uns hören."

Eines Morgens, als die beiden gerade ihr bescheidenes Frühstück einnahmen, bevor der Mann in den Wald zur Arbeit ging, erzählte ihm seine Frau von einem merkwürdigen Traum: „Mir erschien heute Nacht eine seltsame, weiße Frau. Sie stand an der Lichtung unter der alten Linde und hielt in ihrer linken Hand eine silbern glänzende Muschel. Mit der rechten Hand deutete sie auf ein kleines, helles Bündel zu ihren Füßen. Bitte, geh' doch heute auf deinem Weg dort vorbei; wer weiß, vielleicht findest du ja einen Schatz!"

Der Mann versprach es, nahm seine Axt und ging in den Wald. Als er den ganzen langen Tag gearbeitet hatte, machte er sich wieder auf den Heimweg. Den Traum seiner Frau hatte er ganz vergessen, bis sein Weg ihn an der Lichtung vorbeiführte, auf der die alte Linde stand. Da schien es ihm, als würde ein sanfter Lichtstrahl den Baum erhellen. Er ging darauf zu und sah tatsächlich zwischen den alten Wurzeln ein kleines, helles Bündel liegen.

Neugierig beugte er sich hinab und als er vorsichtig das weiße Leinen zurück schob, blickte er auf die sanften Züge eines schlafenden Säuglings. Ganz behutsam hob er den Kleinen auf und trug ihn schnell nach Hause.

Seine Frau war außer sich vor Freude. Das kleine Büblein erschien ihr als Geschenk des Himmels. Als sie ihn aus dem Tuch wickelte, bemerkte sie, dass er an einem Band um den Hals eine silberne Muschel trug. Im selben Moment jedoch, als ihre Finger diese Muschel berührten, öffnete der Kleine seine Augen und ihr smaragdgrünes Leuchten erhellte den ganzen Raum.

Das war der Grund, weshalb das Kind von nun an Grünauge genannt wurde.

Grünauge verbrachte eine glückliche Kindheit in der Holzfällerhütte.

Zur Freude seiner Zieheltern war er ein geschicktes und hilfsbereites Kind. Er half der Mutter im Haus und ging mit dem Vater hinaus in den Wald. Aber am liebsten verbrachte er seine Zeit in der Nähe des grünen Flusses.

Sooft er konnte, setzte er sich am Ufer nieder und jedes Mal, wenn er das Band mit der silbernen Muschel in die Fluten hielt, versammelten sich die Fische des Wassers um ihn herum und es schien, als würde er mit ihnen reden.

Jahre später – Grünauge war zu einem schönen, jungen Mann herangewachsen – saß er wieder am Flussufer und zu seinen Füssen tummelte sich ein Schwarm von Fischen. Da hörte er plötzlich glockenhelles Singen und Lachen. Er blickte auf und sah vor sich mitten auf dem Fluss ein blumengeschmücktes Boot mit vielen schönen Mädchen darauf. In der Mitte aber saß das anmutigste und schönste Geschöpf, das er je gesehen hatte. Sie trug ein Kleid aus schilfgrüner

Seide und ihr langes, rotes Haar glänzte wie die untergehende Sonne. Die beiden sahen sich für die Dauer eines langen Augenblicks an und sie wussten sofort, dass sie füreinander bestimmt waren.

Aber noch ehe Grünauge ein Wort sagen konnte, war das Boot vorübergezogen und er konnte sich kaum noch entsinnen, ob alles Wirklichkeit gewesen war oder nur ein Traum.

Wie benommen erhob er sich, ging nach Hause und erzählte seinen Eltern, dass er sich gerade unsterblich verliebt habe.

„Ach, mein Junge", sprach der Vater, „das Mädchen, das du gesehen hast, ist Tiziana, die einzige Tochter des Burgherren. Du musst sie vergessen! Adelstöchter eignen sich nicht für arme Holzfällersöhne."

Aber Grünauge konnte das schöne Mädchen nicht vergessen. Tag und Nacht dachte er nur an sie. Er konnte nicht mehr schlafen und er konnte nicht mehr essen.

Indessen aber träumte auch die junge Tiziana auf der Wasserburg von den smaragdgrünen Augen des jungen Mannes am Fluss.

Eines Tages rief ihr Vater sie zu sich: „Mein liebes Kind", sprach er, „es wird langsam Zeit, dich zu verheiraten. Du bist alt genug und ich möchte bald einen Erben."

Tiziana aber wollte von einer Heirat nichts wissen. Sie senkte den Kopf und sprach: „Mein lieber Vater, gib mir bitte noch etwas Zeit."

„Gut", sagte der Burgherr, „ich gebe dir Zeit bis zum Erntefest! Dann werde ich die Söhne aller umliegenden Herrscherhäuser auf unsere Burg bitten und du darfst unter ihnen wählen!"

Traurig und betrübt zog Tiziana sich wieder in ihre Kammer zurück. Sie sah alle Hoffnung schwinden, den jungen Mann vom Fluss noch einmal zu sehen.

Die Wochen bis zum Erntefest vergingen wie im Flug. Wenige Tage vorher rief der Vater sie wieder zu sich: „Nun, mein Kind, die Zeit ist um. Bist du jetzt bereit?"

„Ja, mein Vater, das bin ich", sprach Tiziana ernst, „aber ich habe eine Bedingung: Mir träumte des Nachts von einem großen, smaragdschillernden Fisch. Ich werde denjenigen zum Manne nehmen, der mir diesen Fisch für meinen Seerosenteich bringt."

„Nun gut, mein Kind, so soll es sein!" Und so ließ der Burggraf unter allen tapferen Recken des Landes einen Wettbewerb ausrufen.

Die Kunde verbreitete sich in Windeseile von Dorf zu Dorf und von Stadt zu Stadt. So erfuhr schließlich auch Grünauge davon und er machte sich sogleich auf den Weg zum Fluss hinunter. Er setzte sich ans Ufer, hielt seine Muschel ins Wasser und schon tauchten einige Fische auf.

„Du hast uns gerufen?", fragten sie und Grünauge erzählte von der Aufgabe, die zu erfüllen sei, um die schöne Tiziana zu freien.

„Wir werden dir gerne helfen. Komm in drei Tagen in der Vollmondnacht wieder hierher zum Fluss!"

\*

Am Tag des Erntefestes herrschte im Burghof reges Treiben. Unzählige Badewannen, Bottiche und Eimer waren im Schlosshof aufgestellt, in denen die prächtigsten Fische zappelten.

Das junge Burgfräulein schritt zusammen mit ihrer Zofe die Reihen ab, um die Fische zu begutachten. Alle waren sie wunderschön und buntschillernd. Der eine hatte seegrüne Flossen, der andere grasgrüne Schuppen; der eine hatte ein moosgrünes Maul, der andere apfelgrüne Kiemen. Aber keiner von ihnen hatte auch nur den Hauch eines smaragdgrünen Schimmers.

Darüber war die Burgtochter insgeheim sehr froh, denn auch unter den anwesenden Edelmännern hatte sie noch keinen jungen Mann gesehen, der jenem schönem Jüngling glich, den sie am Flussufer gesehen hatte und dem ihr ganzes Sehnen galt.


Während sie sich nun so umsah, richteten sich plötzlich die Blicke aller auf das große Tor, durch das gerade ein junger Mann schritt. Er war nicht wie ein Edelmann gekleidet, eher wie ein Fischer oder Holzfäller; dennoch trug auch er auf seiner starken Schulter einen großen, schweren Bottich, aus dem bei jedem seiner Schritte Wasser schwappte und hin und wieder die schillernde Flosse eines Fisches auftauchte.

Er stellte seine Last in der Mitte des Hofes ab und als Tiziana nun näher kam, erkannte sie im kühlen Nass des Bottichs den Fisch aus ihrem Traum.

Während sie sich nun in ungläubigem Staunen dem jungen Mann zuwandte, blieb ihr fast das Herz stehen. Denn sie sah in zwei smaragdgrüne Augen, die sie voller Liebe und Zärtlichkeit anblickten.

Errötend wandte sie sich an den Burgherren und sprach: „Das ist er, mein Vater!"

Als dieser jedoch den einfach gekleideten Mann sah, war er sehr erzürnt.

„Du wagst es, an diesem Wettbewerb teilzunehmen?", rief er. „Ein Mann deiner niederen Herkunft? Mach sofort, dass du vom Burghof kommst!"

Was blieb dem armen Grünauge nun anderes übrig, als nach einem traurigen Blick auf Tiziana seinen Bottich wieder aufzunehmen und den Hof zu verlassen?

Ohne einen der anwesenden Freier oder ihren Vater auch nur anzusehen, wandte sich nun auch das Burgfräulein wortlos ab, raffte ihre Röcke zusammen und lief in ihre Gemächer zurück. Sie schloss die Tür hinter sich, warf sich auf ihr blauseidenes Himmelbett und begann bitterlich zu weinen. Tag und Nacht liefen ohne Unterlass dicke Tränen über ihr Gesicht. Sie aß nicht mehr und sie trank nicht mehr; sie ließ niemanden zu sich und antwortete auch nicht auf das heftige Klopfen ihres Vaters. Und irgendwann weinte auch der Himmel mit ihr. Dicke schwarze Wolken ballten sich zusammen; Regentropfen um Regentropfen fiel vom Himmel herab. Zunächst bildeten sich immer größer werdende Pfützen und schließlich schwollen Bäche und Flüsse bedrohlich an.

Und während die beiden Liebenden – jeder für sich auf seinem Lager – von tiefer Sehnsucht erfüllt waren, drohte dem kleinen Grafenreich am grünen Fluss eine gewaltige Überschwemmung.

Der Burgherr schickte sein Heer aus, um die Dämme zu stärken. Die Stadtbewohner rüsteten sich mit Eimern und Schaufeln, um gegen die drohende Naturgewalt anzugehen. Aber unbarmherzig wälzte sich die Wasserflut durch Gassen und Wege, überschwemmte Vorratskeller und Werkstätten, riss Büsche und Bäume mit sich und bedrohte schließlich das gesamte Leben in der kleinen Stadt.

Drei Tage und drei Nächte kämpfte jeder Mann, jede Frau und jedes Kind aus Leibeskräften ums Überleben. Am frühen Abend des dritten Tages hörte es endlich auf zu regnen, der Himmel klärte sich, lang ersehnte Sonnenstrahlen brachen durch und im Osten zeigte sich ein buntschillernder Regenbogen.

Als die Gefahr endlich gebannt war, war jeder der erschöpften Bürger von ganzem Herzen froh, dass sie alle mit Leben davongekommen waren.


Aber war es wirklich so?


Während die fleißigen Frauen und Männer der Stadt den braunen Schlamm aus den Häusern schaufelten, ging der alte Graf noch einmal zu seiner Tochter, um die er sich während der ganzen Aufregung nicht mehr kümmern konnte.

Er klopfte, wie schon so oft, an ihre Tür, aber wieder bekam er keine Antwort.

Schließlich wurde es ihm zu dumm. Zornesröte färbte seine Wangen. Jetzt war es aber genug!

Umgehend ließ er den Burgschmied rufen und befahl ihm die Türe aufzubrechen. Als er aber das Gemach betrat, sah er nichts, außer einer wehenden, weißen Seidengardine am offenen Fenster. Von seinem Töchterlein fehlte jede Spur.

Heerscharen von Soldaten rückten aus und durchkämmten jeden Winkel des Reiches. Sie zogen von Osten nach Westen und von Norden nach Süden. Aber ohne Erfolg. Tiziana war und blieb verschwunden.

Der Burgherr war außer sich vor Kummer. Und als er auch nach sieben Wochen noch immer kein Lebenszeichen von seiner geliebten Tochter erhalten hatte, ließ er Reichstrauer anordnen. Alle Fahnen in der Stadt und im ganzen Grafenreich wehten auf Halbmast und jeder der Untertanen trug zum Zeichen des großen Verlustes einen schwarzen Trauerflor.

Aber nicht nur auf der Wasserburg war die Trauer und Sorge um Tiziana groß. Auch Grünauge, der seine Geliebte überall vergeblich gesucht hatte, saß verzweifelt am Ufer des Flusses, der wieder still und träge dahinfloss.

Was war nur geschehen? Hatte die Flut Tiziana mit sich gerissen?

Grünauge spielte gedankenverloren mit seiner silbernen Muschelkette. Plötzlich glitt sie ihm aus den Fingern und versank im Wasser. Erschrocken sprang er hoch, um sie noch zu greifen, aber es war zu spät.

An der Stelle jedoch, an der die Kette versunken war, tauchte nun der smaragdgrüne Fisch auf.

„Du hast das Kostbarste verloren, was es in deinem Leben gab. Wenn du es wieder haben willst, musst du den Mut haben, mir in die Tiefe zu folgen!"

Grünauge überlegte nur einen kurzen Augenblick. Was hatte er schon zu verlieren? Er stand auf, sprang kopfüber in das kühle Nass und tauchte hinter dem Fisch in die Tiefe hinab.

Die beiden schwammen tiefer und tiefer, weiter und immer weiter. Bunte Fische begleiteten sie, wogende Seegräser umfingen sie sanft und endlich gelangten sie zu einem prunkvollen Unterwasserschloss. Es war umgeben von einem Garten, in dem die herrlichsten Seeanemonen und Korallen wuchsen. Eine Treppe aus schillerndem Perlmutt mit einem Geländer aus weißen Perlenschnüren führte zu einer riesigen Eingangspforte aus purem Silber.

Als Grünauge am Fuße der Treppe angekommen war, öffneten sich die beiden Flügel des Tores wie durch Zauberhand und wie von einer magischen Macht umfangen, schwamm er darauf zu. Im Inneren des Schlosses empfing ihn eine große, breite Säulenhalle, die zu einem lichtdurchfluteten Saal führte. An der Stirnseite dieses Saales befand sich ein prächtiger Muschelthron, der mit kostbaren, mondlichtfarbenen Perlen verziert war. Auf diesem Thron saß eine wunderschöne, alterslose Frau. Sie war gehüllt in ein weißes, perlenbesticktes Kleid. Auf dem silberfarbenen Haar funkelte eine Krone aus glitzernden Kristallen und um den Hals trug sie die Schnur mit der silbernen Muschel daran.

Trotz seines Erstaunens fühlte Grünauge sich sogleich zu dieser Frau hingezogen, aus deren Gesicht ihn zwei smaragdgrüne Augen liebevoll anblickten. Es war, als blicke sie ihm in die Tiefe seiner Seele. In diesem Moment vergaß er all seinen Kummer und all seine Sorgen.

„Willkommen zu Hause, mein Sohn", sprach die Wasserfee, „ich habe schon auf dich gewartet."

Grünauge kam aus dem Staunen nicht mehr heraus. „Zu Hause... ?", stammelte er, „wieso zu Hause und wieso habt Ihr auf mich gewartet?"

„Nun, weil du hier geboren bist. Ich bin deine wahre Mutter. Dein Vater war ein Irdischer, ein Fischer, der leider kurz vor deiner Geburt gestorben ist. Wir haben uns sehr geliebt. Sein letzter Wunsch war es, dass sein Sohn in der irdischen Welt aufwachsen sollte. Deshalb habe ich dich zu diesen beiden lieben Menschen am Fluss geschickt, weil ich wusste, dass sie gut für dich sorgen würden. Aber ich wusste auch, dass eines Tages die Zeit kommen würde, an dem dich diese silberne Muschel wieder zurück zu mir führen würde. Nun bist du gekommen, weil du deine Liebste verloren hast. Du musst aber nicht traurig sein, du hast nichts verloren, sondern in deine Heimat zurückgefunden."

Die schöne Wasserfee erhob sich, nahm Grünauge bei der Hand und führte ihn durch den Säulengang hindurch zu einem Gemach. Als sie eintraten, glaubte Grünauge fast zu träumen. Auf einem weichen Lager, das mit seegrüner Seide bedeckt war, lag in tiefem Schlummer seine geliebte Tiziana. Wie ein Fächer war das leuchtend rote Haar auf einem bestickten Kissen ausgebreitet. Ihre Brust hob und senkte sich unter ihren gleichmäßigen, tiefen Atemzügen.

Grünauge konnte sein Glück kaum fassen. Er beugte sich über das Bett und kaum hatten seine Lippen sanft ihren roten Mund berührt, öffnete sie ihre Augen. Die beiden fielen einander in die Arme und wussten, dass sie sich von nun an nie wieder trennen würden.

Nachdem sie ihr Wiedersehen im Unterwasserreich ausgiebig gefeiert hatten, führte Grünauge seine Tiziana wieder in die Wasserburg am grünen Fluss zurück.

Nun, da er seine Tochter gerettet hatte und zudem jetzt auch noch ein standesgemäßer Bräutigam war, hatte auch der Burgherr nichts mehr gegen Grünauge als Schwiegersohn einzuwenden. So wurde eine große Hochzeit gefeiert. Die ganze Stadt war eingeladen, auch die beiden Holzfällerleute. Grünauges Mutter, die Wasserfee, kam auf einer prächtigen, silbernen Barke angefahren, die von acht großen, smaragdgrünen Fischen gezogen wurde. Das Fest dauerte sieben Tage und sieben Nächte. Die Tafeln waren gedeckt mit den erlesensten Speisen und die besten Tänzer und Musikanten verwöhnten Auge und Ohr der anwesenden Gäste. Niemals vorher und nie wieder nachher hat es ein solch prächtiges Fest auf der Wasserburg gegeben.

Grünauge und Tiziana lebten glücklich und zufrieden und blieben, so lange sie lebten, beiden Welten verbunden.

# Das
# Sandelholzmädchen

s war einmal ...

... mit diesen magischen Worten fangen wohl alle Märchen an oder zumindest fast alle. Warum also sollte nicht auch dieses Märchen genauso beginnen? Mit: *Es war einmal* vor langer Zeit an einem schönen, warmen und hellen Sommertag. Glitzernde Sonnenstrahlen tanzten vergnügt auf den Wogen des Innflusses, dessen zartes Grün, wie immer an schönen Tagen, einen fast traurig anmutenden grauen Schleier trug. Ein junger Mann, schön anzusehen und gut gewachsen, saß am Ufer, kühlte seine nackten Füße im Wasser und blickte verträumt auf die Fluten. Und wie er so gedankenverloren dem fröhlichen Spiel der goldenen Lichter zusah, spürte er plötzlich einen harten, schmerzhaften Schlag an seiner großen Zehe. Er blickte hinunter und entdeckte ein kleines Kästchen aus dunklem Holz, das die Wellen gerade zu ihm hin gespült hatten. Es ragte etwa zur Hälfte aus dem Wasser. Der junge Mann bückte sich, zog es heraus und betrachtete es genauer. Es war eine geschnitzte Schmuckschatulle mit goldenen Beschlägen und Ornamenten aus weißem Elfenbein.

Er schüttelte das Kästchen ein wenig und wie er nun hörte, dass darin etwas umher purzelte, schien es ihm, als würde ein leises Stöhnen erklingen. Neugierig öffnete er den Deckel. Da hüllte ihn ein solch warmer, würziger Duft ein, dass ihm fast die Sinne schwanden. Aber was er nun sah, ließ ihn beinahe an seinem Verstand zweifeln:

Auf dem Boden des Kästchens kniete ein winzig kleines Mädchen, das gerade versuchte wieder auf die Beine zu kommen. Die Kleine, die ihn aus kohlschwarzen Augen zornig anfunkelte, war so schön und so zart, wie es mit Worten nicht zu beschreiben war. Nicht größer als sein rechter Daumen, war sie gekleidet in einen glänzenden Anzug aus roter Seide mit bunten Stickereien und goldenen Kordeln darauf. Und Schuhe trug sie, winzige Schuhe aus schwarzem Stoff, der genauso glänzte, wie ihr seidig schimmerndes Haar, das wie eine Haube aus Lack ihr Gesicht umrahmte.

„Ja, wer bist du denn?", fragte der junge Mann verdutzt.

„Ich bin das Sandelholzmädchen!", sagte die Kleine mit samtweicher Stimme, deren Ärger sich nun, da das Kästchen endlich geöffnet war und sie sah, dass der junge Mann ihr nichts Böses wollte, wieder gelegt hatte.

„Woher kommst du denn und warum bist du so klein?", fragte er weiter.

„Ach", entgegnete sie traurig und in ihren schwarzen Mandelaugen glitzerten kleine Tränchen, „das ist eine lange Geschichte. Ich komme aus dem fernen China und ich bin so klein, weil ein hartherziger Mandarin mich verzaubern ließ. Aber, wenn du mich erlösen willst, will ich deine Frau werden und ich will für immer bei dir bleiben!"

Er sah das kleine Mädchen noch einmal an. Zweifellos war sie das schönste Geschöpf, das er jemals gesehen hatte. Ihre Augen waren wie schwarze Perlen und ihre Lippen so zart wie Kirschblüten. Ja, er würde alles tun, worum dieses Mädchen ihn bat.

„Sag mir was ich tun muss!"

„Dazu brauchst du aber viel Mut. Du musst dich auf eine weite, sehr gefährliche Reise machen, bereit sein, dreimal dein Leben für mich zu geben und drei schwierige Aufgaben zu lösen.

Zuerst musst du ein zerrissenes Band wieder zusammenfügen;

dann einen Felsen zum Weinen bringen und

schließlich den Schlag eines versteinerten Herzens wieder erwecken.

Wenn du das alles getan hast, dann bin ich erlöst. Zunächst aber bring mich an einen sicheren Ort, an dem ich auf dich warten kann und dann musst du hier, genau an dieser Stelle, ins Wasser springen. Alles andere wird sich finden."

So nahm der Junge also das kleine Sandelholzkästchen, schloss mit größter Vorsicht den Deckel und trug diesen kostbaren Schatz zu sich nach Hause. Nachdem er es unter seinem Bett versteckt hatte, machte er sich wieder auf den Weg zurück ans Ufer des Flusses.

Ohne lange zu überlegen, sprang er Hals über Kopf ins Wasser hinein und im gleichen Augenblick, als die Wogen über ihm zusammen schlugen, spürte er, dass sich etwas zu verändern begann. Wie durch einen Zauber verwandelten sich seine Beine in einen langen Fischschwanz mit einer kräftigen Flosse daran. Aus seinem Hals heraus wölbten sich starke Kiemen und überall auf seiner Haut sprossen unzählige Schuppen, die in allen Regenbogenfarben schillerten und glänzten. Und während Algen und grüne Seegräser ihn zart umfingen, schwamm er schnell und wendig auf dem modrigen, mit Steinen durchsetzten Grund des Flusses dahin. Immer weiter und weiter glitt er durch die feuchten Tiefen, bis er endlich zum Meer gelangte. Eine heftige Strömung zog ihn weit mit sich hinaus. Mit einem Mal sah er sich inmitten eines Schwarms bunter Fische, die ihn mit sich in die unendliche Weite des tiefblauen Ozeans hinein führten.

Er fühlte sich so frei, so unbeschwert und von einer nie gekannten Leichtigkeit, bis..., ja, bis sich plötzlich mit einem Ruck ein Netz um ihn und all die anderen Fische spannte und alle zusammen unaufhaltsam und ohne, dass sie sich dagegen hätten wehren können, nach oben zog. Mühsam und schwer wurde das Netz über die Wasseroberfläche gehievt. Die engen Maschen und Stricke schnitten tief in die geschuppten Fischhäute. So baumelte die ganze Fischgesellschaft eine ganze Weile tropfend und triefend zwischen Himmel und Meer, bis sie schließlich mit einem harten Schlag auf dem Deck eines großen Fischkutters landete. Die Fische glitschten und zappelten mit vor Todesangst weit aufgerissenen Augen und schnappenden Mäulern umher – aber es half ihnen nichts. Sie waren und blieben gefangen, das rettende Gewässer weit und unerreichbar unter ihnen.

Tausend Sterne blitzten und blinkten in dieser Nacht von einem Himmel herab, der wie ein schwarzes Tuch über den sanft schaukelnden Wogen ausgebreitet lag. Der schöne, regenbogenfarbene Fisch blickte traurig nach oben und dachte an sein geliebtes Sandelholzmädchen. Sollte hier seine Reise schon zu Ende sein? Würde er sie nie wieder sehen? Eine dicke Träne rann aus seinem Auge herab über die Kiemen und vermischte sich mit dem kleinen See aus salzigem Meerwasser, das sich unter dem Haufen gefangener Fische angesammelt hatte.

Er wusste nicht wie lange er auf diesem Schiff gelegen hatte. War er eingeschlafen? Hatte er die Zeit vergessen? Plötzlich jedoch hörte er, wie sich wieder Leben auf dem Schiff regte, das Stimmengewirr wurde lauter und die schweren Stiefeltritte der Seemänner polterten krachend über die Planken des Schiffbodens. Als der geschwächte Fisch ein wenig seinen Kopf hob, sah er am Horizont eine glühend rote Sonne aufgehen und wunderte sich, dass er überhaupt noch am Leben war. Aber da ging schon wieder ein Ruck durch ihn hindurch, das Netz wurde angehoben und ehe er sich versah, war er schon zusammen mit den anderen Fischen auf einem Wagen verladen. Nach kurzer Fahrt schon lag er auf einem hölzernen Marktstand. Menschenmassen drängten und schoben sich über den Platz. Der Fischverkäufer schrie laute Worte in einer harten Sprache, die er noch niemals zuvor in seinem Leben gehört hatte, die er jedoch seltsamer Weise verstand: „Schöne Fische, frische Fische!", rief der Händler. „Na, Mütterchen, willst du nicht einen schönen, leckeren Fisch kaufen für dein Söhnchen?" Dicke, rotwangige Hausfrauen mit geblümten Kopftüchern und bunten Kittelschürzen, die unter warmen Strickwesten herausragten, kamen herbei und betrachteten den Fang. Manche von ihnen stießen mit spitzigen Zeigefingern in die Fischleiber hinein, hoben einige kleinere Exemplare in die Höhe und rochen daran, um sie auf Frische und Qualität zu prüfen. Einige der Frauen fanden auf diese Weise ein leckeres Mittagessen für ihre Familien, andere aber warfen die betatschten Fische wieder zurück auf den Haufen und wandten sich ab, um zu sehen, was der Nachbarstand zu bieten hatte. Keine von ihnen aber verließ den Stand, ohne vorher noch einen Blick auf den großen, regenbogenfarbenen Fisch geworfen zu haben, ihn vielleicht auch ein wenig anzustupsen und verwundert oder überrascht den Kopf zu schütteln.

„Ja, da staunst du!", sagte der Fischhändler und während er lachte, blitzte ein goldener Eckzahn zwischen braunen, halb verfallenen Zahnstummeln hervor. „So einen großen, schönen Fisch hast du noch nie gesehen. Willst du ihn nicht kaufen?"

„Nein, nein, der ist bestimmt zu teuer! So einen Festtagsbraten kann sich unsereiner nicht leisten", sagten die Frauen und gingen wieder weiter.

Plötzlich bahnte sich ein großer, kräftiger Mann mit einer Bären-fellmütze auf seinem mächtigen, haarlosen Schädel den Weg durch die dicht gedrängte Menge, trat an den Stand heran, packte grob nach dem Regenbogenfisch und hob ihn prüfend in die Höhe. „Oho", brummte er mit tiefer Stimme, „das nenn' ich ja mal einen anständigen Fisch! Gerade richtig für des Zaren Mittagstisch!" Er griff in seine Tasche, zählte dem Händler einige Münzen in die offe-ne Hand, nahm den Fisch unter den Arm und machte sich auf den Weg.

Der Mann, der niemand anderer war, als der Hofkoch des Za-ren, brachte den Fisch geradewegs in die Küche des Zarenpalastes. Dort warf er ihn grob auf den großen, blank geschrubbten Tisch. Als das arme Tier sich mit schreckgeweiteten Augen umsah, fiel sein Blick auf ein großes, scharfes Hackebeil, das aus einem hölzer-nen Bock herausragte. Sein kleines Herz klopfte zum Zerspringen. Jetzt hatte wohl wirklich sein letztes Stündlein geschlagen. Die große, haarige Pranke des Kochs umschloss jetzt auch schon den Beilgriff und dann hob sie sich, um mit einem gewaltigen, schwung-vollen Schlag auf den Kopf des Fisches niederzusausen. In diesem Augenblick aber erklang draußen vor dem Fenster eine sanfte Stim-me, die rief: „Oh, was ist das denn für ein wunderbarer Fisch? Der ist ja viel zu schön, um gebraten zu werden. Lass ihn leben und gib ihn in den Seerosenteich!"

Der Küchenmeister hielt verdutzt inne. Vor dem Fenster stand die junge Zarin, die gerade auf dem Weg in den Garten war. Er war ein wenig unschlüssig. Es waren ihm einige Gerüchte zu Ohren gekommen, wonach der Zar nicht gut auf seine junge Frau zu sprechen war. Das war vielleicht sogar noch ein wenig untertrieben. Die Wahrheit war, dass er ihr mit Verbannung oder gar mit dem Tod gedroht hatte, da die Unglückliche ihren kostbaren Vermählungsring verloren hatte. Niemand im ganzen Palast konnte ihn mehr finden, so sehr man auch danach suchte. Die heil- und zauberkundigen Berater des Regenten hatten dies einstimmig als äußerst schlechtes Omen gewertet. „Das Band der Liebe ist gerissen", orakelten sie, „wenn das Symbol des Ringes es nicht mehr hält." Ja, so sagten sie, und ihr Wort hatte Gewicht. Der Zar setzte seiner Gemahlin eine letzte Frist. Wenn es ihr nicht gelänge, bis zum nächsten Neumond den Ring wieder am Finger zu tragen, würde ein kaiserliches Tribunal über ihr weiteres Schicksal zu bestimmen haben. Die Aussichten auf eine wohlwollende, milde Strafe waren dabei äußerst gering, zumal die Arme noch immer nicht den am Hofe so sehnlichst erwarteten Zarewitsch, den Thronfolger, geboren hatte.

So stand der Koch also, den Arm immer noch zum Schlag erhoben, und tausend Gedanken gingen ihm durch den Kopf. Oder sagen wir einmal, viele Gedanken. Denn für einen Menschen seines Gemütes mag Tausend vielleicht eine doch etwas zu hoch gegriffene Zahl sein. Sollte er der Zarin wirklich gehorchen? Was, wenn der Zar darüber erzürnt wäre, dass er keinen Fisch zu Mittag bekäme? Aber was, wenn der Zar sich mit der Zarin wieder versöhnte? Würde eine Befehlsverweigerung dann nicht schlimme Folgen für ihn haben?

Der gute Mann war wirklich hin- und hergerissen und wusste gar nicht, was er tun sollte. Während er jedoch noch überlegte, kam die Küchenmamsell zur Türe herein und schrie ihn an: „Hast du nicht gehört, du Tölpel, was Eure Majestät gesagt hat? Gib den Fisch hinaus in den Teich aber schleunigst!"

Ja, und so kam es, dass bald darauf dieser wunderschöne Regenbogenfisch im kühlen Nass des Teiches schwamm und es gar nicht fassen konnte, noch einmal mit dem Leben davon gekommen zu sein.

Überglücklich blinzelte er durch die glitzernde Wasseroberfläche hindurch, sah über sich einen weiten, blauen, mit schneeweißen Wölkchen durchzogenen Himmel und dann, plötzlich, tropfte etwas wie Regen auf den Teich und zog kleine verschwommene Kreise. Aber das war kein Regen. Nein. Es waren Tränen. Dicke, salzige Tränen, die von den zarten, bleichen Wangen der Zarin herab in das grüne Wasser des Seerosenteiches fielen. Die junge Frau saß auf einem mit goldenen Rosenranken verzierten Bänkchen inmitten ihres wunderschönen, paradiesischen Gartens, in dem die prächtigsten Blumen blühten und bunte Schmetterlinge durch die Lüfte flatterten, Vögel ihre schönsten Lieder sangen und unzählige Springbrunnen fröhlich vor sich hin plätscherten. Aber all diese Schönheit schien ihr Herz nicht zu erfreuen, denn sie blickte mit unendlicher Traurigkeit auf den Fisch. „Ach", seufzte sie tief und schwer, „wenigstens darfst du dein Leben behalten, wenn ich schon meines bald verlieren mag!"

Genau in diesem Augenblick war es, dass ein einzelner Sonnenstrahl bis auf den Grund des Teiches fiel und etwas Goldenes zum Funkeln brachte. Überrascht sah der Fisch hinab, aber dann tauchte er schon hinunter und stieß mit seiner Nase auf etwas Hartes, Metallenes. Ein Ring! Tatsächlich, dort unten, halb verborgen im Schlamm, eingebettet in dichte Schlingpflanzen, lag der Trauring der Zarin. Schwupps – hatte der Regenbogenfisch ihn geschnappt und spuckte ihn vor die Füße der jungen Frau.

Man kann sich gar nicht vorstellen, wie groß die Freude über den wiedergefundenen Ring war. Sowohl die Zarin, als auch der Zar waren außer sich. Im Grunde seines Herzens liebte der Herrscher seine junge Gemahlin über alles – aber was soll man tun, wenn die Zeichen gedeutet und das Schicksal bestimmt ist? Jetzt aber war alles in bester Ordnung und der gesamte Hof jubelte mit ihnen. „Das zerrissene Band ist wieder zusammengefügt!", riefen alle Palastbewohner. Ja, sogar die zauber- und heilkundigen Berater des Herrschers waren sich einig, dass dies ein äußerst gutes Omen war.

Um diesen freudigen Anlass würdig zu begehen, traf man nun im Palast Vorbereitungen für ein Fest, welches an Pracht und Schönheit die Hochzeitsfeierlichkeiten noch einmal bei weitem übertreffen sollte.

Natürlich würden zu einem solchen Ereignis die besten Speisen und die erlesensten Weine zu kredenzen sein. Blutroter, perlender Sekt von der Insel Krimm sollte in kristallenen, edelsteinbesetzten Pokalen gereicht werden. Dicke, mit Fleisch und Gemüse gefüllte Plinis, serviert auf goldenen Tellern, kostbarer Kaviar in solchen Mengen, dass die Gäste ihn mit silbernen Suppenkellen verspeisen konnten, und eine Fischterrine, so köstlich, wie man sie im ganzen Reich noch niemals gegessen hatte. Es war die Aufgabe des Küchenmeisters für ein Mahl zu sorgen, dass seinesgleichen suchte. Dieser hatte auch sofort eine Idee. In all der Freude über die Versöhnung des Herrscherpaares hatten doch sicherlich alle auf den einsamen Fisch im Seerosenteich vergessen, so dachte der einfache Mann und, um die Festtafel mit einem besonderen Fischgericht zu krönen, machte er sich sogleich heimlich mit einem Kescher auf den Weg hinaus in den Garten.

So lag also, schneller als gedacht, der arme Regenbogenfisch schon wieder auf dem hölzernen Tisch in der Palastküche und in seinen angstgeweiteten Augen spiegelte sich die blitzende Klinke eines rasch und kraftvoll hernieder fallenden Hackebeils. Das letzte, was der Arme zu spüren bekam, war ein harter, schmerzender Schlag und schon umfing ihn nachtschwarze Düsternis...


Jedoch der hinterhältige Zarenkoch hatte sich geirrt. Seine ruchlose Tat blieb nicht unbemerkt. Bereits einen Tag nach dem großen Fest, als die Gäste wieder nach und nach in ihren prunkvollen Kutschen den Hof verlassen hatten, ging die junge, glückliche Zarin hinaus in ihren wunderschönen Paradiesgarten, in dem, wie jeden Tag, die prächtigsten Blumen blühten, bunte Schmetterlinge durch die Lüfte flatterten, die Vögel ihre schönsten Lieder sangen und unzählige Springbrunnen plätscherten, um dem Regenbogenfisch für ihre Rettung zu danken. Aber noch ehe sie sich auf das kleine, mit Rosenranken verzierte, goldene Bänkchen niederlassen konnte, hallte bereits ihr gellender Schrei durch sämtliche Räume des Palastes: Sie hatte den leeren Seerosenteich entdeckt! So sollte der Kopf des armen Fisches nicht der einzige Kopf sein, der in diesen Tagen ins Rollen kam. Das aber ist eine andere Geschichte und soll deshalb auch ein anderes Mal erzählt werden...

Unsere Geschichte findet einen anderen Fortgang. Zugegeben einen etwas seltsamen, unerklärlichen. Aber wir befinden uns ja in einem Märchen und dort ist, wie jeder weiß, nahezu alles möglich.

Es war eng und es war dunkel. Er wusste nicht, wo er sich befand. Er war erwacht aus einem seltsamen Zustand zwischen Wachen und Träumen. Jetzt fühlte er eine wohlige Wärme, ein geborgenes Hin- und Herschaukeln. Auf immer und ewig hätte er in diesem Zustand verweilen können. Jedoch verspürte er mit einem Mal einen Druck, der immer größer und immer stärker wurde. Es trieb und zog ihn in eine Richtung, in die er nicht wollte, aber unweigerlich musste. Es wurde enger und immer enger und plötzlich, da war es ihm, als stürzte er aus dieser Geborgenheit heraus mitten hinein in eine blendend helle und kalte Welt. Eine raue Zunge fuhr ihm zärtlich über sein Fell. Mit zitternden Beinen versuchte er sich in die Höhe zu stemmen, was ihm auch gelang; allerdings stand er eine Weile ziemlich wackelig, schwankte hin und her, bis er sich endlich ein wenig sicherer fühlte. Er blickte um sich und sah sich inmitten einer Herde von Kamelen. Kamele? War er denn nicht eben noch… ? Ja, was eigentlich? Das Bild eines Mädchen stieg in ihm auf, zwei schwarze Perlenaugen blickten ihn an – geheimnisvoll, verführerisch, aber er konnte sich nicht wirklich erinnern, es war nur so ein ungreifbares, diffuses Gefühl. Er konnte es nicht einordnen und da verflog es auch schon, wie ein Traumgebilde am Ende einer dunklen Nacht. Neugierig reckte er seine Nüstern nach oben. Die Luft war erfüllt vom würzigen Duft nach Salbei und Wermut. Von irgendwo her wehte der weiche, ziehende Klang einer Pferdekopfgeige herüber.

Plötzlich hörte er Stimmen. Tiefe, raue Männerstimmen. Sie kamen immer näher: „Das musst du dir ansehen, Herr!", sprach der eine von ihnen. „Eine absolute Seltenheit. So etwas ist ein Zeichen. Etwas Besonderes wird geschehen. Eine neue Zeit bricht an, wenn ein weißes Kamel geboren wird. Das gab es schon lange nicht mehr."

Der andere Mann kam jetzt näher. Beugte sich zu ihm herab und streichelte sanft sein Fell. Sie sprachen von ihm. „Ja, du hast Recht. Es ist wahrlich ein Wunder. Sorge gut für dieses Tier. Wenn es groß genug ist und nicht mehr gesäugt werden muss, komme ich wieder, um es zu holen. Bis dahin pass gut auf, dass niemand etwas davon erfährt, vor allem nicht mein Bruder! Sonst wirst du dafür mit deinem Leben bezahlen! "


Der Mann, der so sprach war Ax, einer der beiden Söhne des großen mongolischen Herrschers, Khan Ytec. Ytec, der Fels, wie er von seinen Untergebenen genannt wurde, war weit über die Grenzen des Landes hinaus berühmt für seine Kraft und Härte. Sein Reich war unermesslich groß. Unzählige Herden weideten auf seinen Gründen und ein reiches Gefolge zierte seinen Hof. Seine Söhne, die Zwillingsbrüder Ax und Dze hatte er mit unerbittlicher

Strenge erzogen. Sie waren die besten Reiter und die treffsichersten Bogenschützen des gesamten Heeres. Ihre Mutter war bei ihrer Geburt gestorben. Der Khan hatte nie wieder eine andere Frau genommen und so hatten die Beiden auch nie die liebende Güte einer fürsorgenden und wärmenden Hand erfahren. Schon von Kindheit an ließ ihr Vater nahezu täglich Wettkämpfe zwischen ihnen ausrufen, bei denen der Verlierer jedes Mal schmerzhafte Schmähungen einstecken musste, während der Sieger eine kostbare Belohnung erhielt. So war es kein Wunder, dass Ax und Dze auch noch im Mannesalter erbitterte Kontrahenten und Feinde blieben. Da der Khan noch immer nicht verkündet hatte, welcher seiner beiden Söhne einst den Thron erben sollte, buhlten sie mit all ihnen zur Verfügung stehenden Mitteln um die Gunst ihres Vaters.

Zwar mochte es sich für jeden Beobachter schon abzeichnen, dass es Ax sein würde, welcher einst die Thronfolge antreten mochte. War er es doch, der in den meisten Wettbewerben die Nase vorne hatte. Er war es, der immer einen Lidschlag schneller oder stärker war, als Dze. „Streng dich an, damit du auch so gut wirst, wie dein Bruder!", sagte der Khan jedes Mal, wenn Dze unterlag, und er lachte dabei. Ja, er lachte so schallend, dass es über die weite Steppe hallte, wie Donnerschlag. Und in Dzes Brust da brannte die Eifersucht wie eine alles zerstörende Flamme, die nie erlosch. Tag und Nacht brannte sie, diese tiefe, schmerzende Wunde und ließ ihm keinen Atemzug Ruhe.


Es war im Frühsommer. Ein sanfter Wind strich über die Steppe und trug einen mild-würzigen Hauch von Kräutern und Gräsern mit sich. Am Hof des Khan rüstete man für ein großes Fest. Beim nächsten Vollmond würde der Herrscher seinen Geburtstag feiern und man munkelte, dass er anlässlich dieses Festes endlich verkünden würde, welchen seiner Söhne er zu seinem Nachfolger bestimmt hatte.

Aus diesem Grunde hatten sowohl Ax, als auch Dze sich vorgenommen, ihren Vater mit einem ganz besonders wertvollen und außergewöhnlichen Geschenk zu beeindrucken. Monatelang war jeder von ihnen im gesamten Reich umher geritten, um etwas zu finden, das an Wert und Seltenheit nicht zu überbieten war. Während Ax nun von Norden nach Süden ritt, ritt Dze von Süden nach Norden und jedes Mal, wenn ihre Wege sich kreuzten, gaben sie ihren Pferden die Sporen und preschten mit zornesfunkelnden Augen, ohne ein Wort zu wechseln, aneinander vorbei.

Genau am Vorabend des großen Geburtstagsfestes traf es sich, dass die beiden in die selbe Zeltsiedlung gezogen kamen, um dort noch einmal ein Lager für die letzte Nacht zu beziehen, ehe sie wieder zum Hof des Vater zurück kehren sollten.

Dze hatte auf seiner Reise durch das Reich einen wertvollen, mit funkelnden Juwelen besetzten Krummdolch als Geschenk für seinen Vater erworben. Dieser Dolch trug eine lange Geschichte mit sich. Er war durch die Hände vieler namhafter Herrscher gegangen und das Blut mindestens ebenso vieler gefallener Helden war über seine blanke Klinge gelaufen.

Dze war sich sicher, dass er mit diesem Geschenk seinem Vater eine besondere Freude machen würde und dieses Mal, ja dieses eine Mal, würde er seinen verhassten Bruder Ax ausstechen. Er konnte es kaum erwarten, diesen Augenblick des Triumphs auszukosten, in dem er das durch die Schande der Niederlage gerötete Gesicht seines Bruders blicken durfte.

Es war ihm ein wenig unangenehm, genau in diesem Lager auf Ax zu treffen. Deshalb grüßte er auch nur mit einem kurzen Kopfnicken und zog sich in sein Zelt zurück.

Warm eingepackt in eine Decke lag Dze in tiefem Schlummer. Er wusste nicht, wie lange er schon geschlafen hatte, als er durch zwei raunende Männerstimmen draußen vor der Jurte geweckt wurde.

„Hier, Herr", flüsterte die erste. „Hier ist es, das weiße Kamel. Es ist jetzt ausgewachsen, kräftig und kerngesund!"

„Ja, in der Tat, das ist es", sprach die zweite, die Dze jetzt als die Stimme seines Bruders ausmachte. „Du hast es gut versorgt. Mein Vater wird außer sich sein vor Freude. Niemand wird ein wertvolleres Geschenk für ihn haben. Damit ist mir der Thron sicher!"

Wie kalte Messerstiche fuhren diese Worte in Dzes Herz. Nein! Das konnte und durfte nicht sein! Nicht dieses Mal! Dieses Mal durfte er nicht hinter seinem Bruder zurückstehen. Wie grausam konnte das Schicksal sein, dass es Ax gerade jetzt ein weißes Kamel bescherte? Dze sah schon das lachende Gesicht seines Vaters vor Augen, den Stolz in seinem Blick, der wieder einmal nicht ihm, sondern dem verhassten Bruder gelten würde. Er fasste unter den kleinen, harten Kopfpolster, holte ein seidenes Bündel hervor, rollte es auf und blickte auf den glänzenden Dolch, der darin lag. „Wertlos", dachte er bei sich, „er ist wertlos. Nichts im Vergleich zu einem weißen Kamel! Warum immer er?"

Dze erhob sich lautlos und ebenso lautlos nahm er das schwere Tuch des Zeltes hoch und blickte hinaus in die Nacht. Der Kamelbauer, der eben noch mit Ax gesprochen hatte, verließ den Platz und ging zu seiner Herde zurück. Ax stand noch im flackernden Schein, der vom Lagerfeuer herüber leuchtete, den Zügel, an dessen Ende das Kamel gebunden war, in der Hand und betrachtete stolz das schöne Tier. Tatsächlich: es war weiß. Weiß, wie sanft schimmerndes Mondlicht. Brennend heißer Zorn schnürte Dzes Kehle zu, seine Hand krampfte sich fest um den Griff des Dolches. Dann schlich er sich wie ein Tagedieb von hinten an seinen Bruder heran.

Ax hatte keine Zeit mehr einen Laut von sich zu geben. Er spürte nur einen kurzen, stechenden Schmerz, als der Dolch in seinen Rücken drang. Im Fallen wandte er sich noch um und sah zum letzten Mal das Gesicht seines Bruders. Er hob die Hand, als wolle er, seinen Augen nicht trauend, dieses Gesicht berühren. Jedoch seine Finger reichten nicht mehr so weit hinauf, sie schlossen sich um die knöcherne Fibel, die Dzes Umhang über der Brust zusammen hielt. Keiner von beiden bemerkte, dass er sie im Fallen mit sich riss, hinunter auf die kalte Erde und sie auf sein Herz presste, während er röchelnd liegen blieb.

Im selben Augenblick schien Dze aus einem grauenhaften Albtraum zu erwachen. Erschrocken über die Kaltblütigkeit seiner eigenen Tat bückte er sich, zog den Dolch aus der blutenden Wunde und während er ihn in den Gürtel unter sein Gewand steckte, verließ er mit eilenden Schritten das Lager. Eigenhändig sattelte er sein Pferd und ritt im wilden Galopp über die sternenübersäte, menschenleere Steppe davon.

Dze ritt auf direktem Weg nach Hause, versorgte sein Pferd wie in Trance und wie in Trance ging er in seine Gemächer hinauf und warf sich auf sein Lager. Dann kamen die Tränen. In dicken Bächen strömten sie über seine Wangen herab und er weinte, Dze weinte wie ein kleines Kind. Er weinte über all den Schmerz und die Ungerechtigkeit, die er in seinem Leben erlitten hatte; er weinte um seine Mutter, die er nie kannte und er weinte über die Schuld, die tiefe Schuld, die er auf sich geladen hatte und die nun nicht wieder gut zu machen war. Als die Tränen versiegt waren, fasste Dze einen Entschluss. Niemals, solange er lebte, würde er über diese schreckliche Tat berichten. Niemand, so dachte er, sollte je etwas davon erfahren und die quälende Schuld würde der Preis sein, den er für die Herrschaft über dieses Reich zu bezahlen hätte.

Aber Dze sollte sich irren. Er fuhr sich gerade mit zitternden Fingern über sein Gesicht, um die letzten Tränenspuren zu verwischen, als er vor dem Palast plötzlich eine große Unruhe wahrnahm. Menschen riefen aufgeregt durcheinander. Er eilte zum Fenster und was er sah, raubte ihm fast den Atem. Dort unten stand das weiße Kamel und es trug auf seinem Rücken den toten Bruder.

Der gesamte Palast war auf den Beinen. Niemand konnte sich erklären, was geschehen war. Der junge Ax tot! Er, welcher – und darüber waren sich jetzt alle einige – der sichere Thronfolger des Khans gewesen wäre! Feige und hinterrücks gemeuchelt! Wer konnte so etwas getan haben?

Behutsam zog man den Leichnam des jungen Mannes vom Rücken des Kamels und bettete ihn vorsichtig auf die Erde. Nun eilte auch der alte Khan mit wehendem Umhang herbei, hinter ihm seine Lakaien, flackernde Fackeln in den hoch erhobenen Händen.

Ungläubig starrte der alte Herrscher auf das wachsbleiche Gesicht seines toten Sohnes. Er beugte sich hinab, um seine kalten Hände zu greifen und da sah er sie: Dzes Fibel, glänzend im fahlen Mondlicht – der untrügliche Beweis für die grausame Wahrheit: Sein eigenes Fleisch war zum Mörder seines eigenen Blutes geworden. Es gab keinen Zweifel. „Dze, du feiger Brudermörder!", rief er überwältigt vom Schmerz dieser Erkenntnis. „Ich verfluche dich! Du bist nicht mehr mein Sohn! Wo immer du auch hingehst, was immer du auch tust, nie wieder soll dein Herz Ruhe finden!" Außer sich vor Gram lief der Khan in die schwarze Nacht hinaus. Niemand wagte es ihn in seiner Trauer zu stören. Er rannte und rannte, als könne er dadurch seiner unendlichen Pein entfliehen. Erst als er völlig erschöpft und keuchend auf die staubige Erde niedersank, legte er sein Gesicht in die Hände und fing endlich an zu weinen. Denn nun, da es zu spät war, erkannte er, dass er selbst es gewesen war, der einst den Samen zu dieser fürchterlichen Tat gelegt hatte. Er hatte seinen eigenen Söhnen Hass und nicht Liebe gelehrt und diese Erkenntnis ließ nun die Tränen wie Sturzbäche über seinen Wangen rinnen. Sein Diener, der ihm leise gefolgt war, hielt den Atem an, um nicht bemerkt zu werden. So lange er lebte, erzählte er – und er erzählte es immer mit einem leichten Kopfschütteln, so, als könne er es selbst nicht glauben –, dass er einst mit seinen eigenen Augen, Khan Ytec, den Fels, der all seinen Untertanen, seinen Freunden und Feinden so unerschütterlich gegolten hatte, weinen sah.

Am Palast trug man währenddessen Ax's sterbliche Überreste in die große Halle hinein, um sie dort aufzubahren. Nach und nach leerte sich der Platz wieder. Nur das weiße Kamel, um das sich in all der Aufregung niemand mehr kümmerte, blieb allein zurück.

Aber schon kurz darauf huschte ein Schatten heran: Dze! Nun, da er endgültig all seine Hoffnungen auf die Thronfolge schwinden sah, richtete sich sein ganzer Hass auf dieses Kamel, das Ax' Leichnam nach Hause gebracht hatte. Wie immer dieses Tier es zustande gebracht haben mochte, den sterbenden Ax auf seinen Rücken zu nehmen und durch die Steppe hierher zu tragen, es musste der strafende Wille des Himmels gewesen sein, dass das Geheimnis um Dzes Tat nun auf diese Weise offenbar wurde.

Lautlos erhob er die Hand mit dem juwelenbesetzten Dolch, der einmal als stolzes Geburtstagsgeschenk für den Khan gedacht war, und stieß dessen Klinge, an der noch das Blut seines Bruders haftete, mit all der Kraft seiner Verzweiflung dem armen Tier mitten ins Herz. Und während Dze auf Nimmerwiedersehen in der unendlichen Weite der mongolischen Steppe verschwand, erlosch in den großen, dunklen Augen des weißen Kamels das glitzernde Funkeln des Sternenlichts.

So war nun auch der Lebensatem dieses schönen, weißen Kamels ausgehaucht, dessen Fell einst glänzte, wie das bleiche Mondlicht über der Steppe.

Aber unser Märchen ist damit noch nicht zu Ende. Denn wieder umfing Dunkelheit sein Empfinden und seine Seele ging erneut auf

Reisen. Und diese Reise trug sie weit hinüber in das unermesslich große Reich der aufgehenden Sonne. Hinein in das porzellanfarbene Ei eines goldgefiederten Feuervogels, welches schließlich in den prunkvollen, mit goldenen Pagoden verzierten Palast eines einsamen, chinesischen Mandarins gelangen sollte.

Ja, dieser Mandarin war einsam. Er hatte alle Ehren erreicht, die es zu erreichen galt, alle Würdigungen und alle Auszeichnungen, die ein Mann seines Standes erhalten konnte. Aber es war sein eigenes, steinernes Herz, welches ihm diese Einsamkeit bescherte. Sein Herz war gebrochen, vor langer Zeit. Damals hatte er eine Frau über alles geliebt. Und sie hatte ihn ebenso geliebt. Diese wunderschöne Prinzessin mit schwarzen Perlenaugen und Lippen, wie hauchzarte Kirschblüten. Sie war sogar seine Frau geworden, hatte mit ihm gelebt in diesem prunkvollen Palast mit den goldenen Pagoden. Arm in Arm waren sie durch den blühenden Garten gewandelt, hatten des Nachts im Mondschein dem Klang von Bambusflöten und dem Plätschern der Springbrunnen gelauscht und bei Tag dem Rauschen des Windes in den Blättern und dem Zwitschern der Vögel in baumhohen Volieren. Sie waren so glücklich in ihrer Zweisamkeit, der Mandarin und die perlenäugige Prinzessin. Und wie viel größer wurde ihr Glück erst, als ihnen eine Tochter geboren wurde. Ein Mädchen mit ebenso schönen schwarzen Augen und Kirschblütenlippen, wie ihre Mutter.

Aber leider währte dieses Glück nicht ewig.

Eines Tages brach im Reich eine schreckliche Epidemie aus, der neben unzähligen Untertanen zum großen Leidwesen des Mandarins auch seine schöne Gemahlin zum Opfer fiel. Sein Kummer über diesen Verlust war so groß, dass sein Herz zu Stein wurde.

Von nun an hütete er zwar seine kleine Tochter wie seinen Augapfel. Jedoch ein versteinertes Herz kann nicht mehr lieben. Es sehnt sich nur mehr danach, von jemanden geliebt zu werden. Es selbst will nur besitzen, um nicht noch einmal den Schmerz des Verlustes ertragen zu müssen. In Wahrheit schlägt es nicht einmal mehr. Es ist tot. Und so wandelte der Mandarin wie eine leere Hülle durch die Säle und Hallen seines prunkvollen Palastes. Aber all diese Schönheit erfreute ihn nicht mehr. Er beobachtete seine kleine Tochter, wie sie heranwuchs und seine einzige Sorge war, dass er auch sie eines Tages verlieren würde.

Als das Mädchen seinen 12. Geburtstag feierte, rief der Mandarin alle Magier und Feen des gesamten Reiches zusammen und bat sie um einen Zauber, der verhindern sollte, dass seine Tochter ihn eines Tages verließ. Lange Zeit beratschlagten all die weisen, zauberkundigen Männer und Frauen, welche Magie wohl in diesem Fall die Sinnvollste wäre. Ein Zauber, der es vor Krankheit und Tod schützte? Einer, der verhinderte, dass es sich verliebte und seinem Bräutigam in ein fernes Reich folgte?

So kam es schließlich, dass der Älteste unter ihnen beschloss, das Kind in eine Steinfigur zu verwandeln.

„Damit nimmst du dem Mädchen das Leben", sagte die Fee aus dem Reich der nördlichen Himmelsberge.

„Dann kann es zumindest nicht mehr krank werden", entgegnete der Magier und machte sich mit wehendem Mantel auf den Weg zum Mandarin. Der alte Magier liebte es nicht, wenn man ihm widersprach, schon gar nicht, wenn es eine Frau tat – egal, ob Mensch oder Feenwesen.

„Aber ein Stein ist kalt, er nicht sprechen und nicht singen", sagte der Mandarin, als er ihm seinen Vorschlag unterbreitete.

„Herr, ich gebe zu bedenken", sagte der Zauberer und er verneigte sich dabei tief, „dass dies die einzige Möglichkeit ist auf immer und ewig Macht über ihr Geschick zu behalten."

Der Mandarin neigte sein Haupt nach links, gleich darauf neigte er es wieder nach rechts. „Nun ja, das mag richtig sein. Aber ich liebe es, ihre funkelnden Perlenaugen zu sehen und ihrer glockenhellen Stimme zu lauschen. Ich glaube nicht, dass ich an einem Stein ebensolche Freude hätte."

„Dann bleibt nur die Möglichkeit, mein Herr, Euer Töchterchen in eine Daumeline zu verwandeln und in ein Kästchen zu sperren. Dann kann es weiterhin singen. Es kann jedoch nicht weglaufen, Krankheiten können es darin nicht erreichen und ihr wisst immer, wo dieses Kästchen sich befindet."

Dieser Gedanke gefiel dem Mandarin außerordentlich gut und so war sogleich auch der Zauberspruch gesprochen und das perlenäugige Mädchen von einem Augenblick zum nächsten nicht mehr größer als ein Männerdaumen. Viele Tage und Wochen lebte es nun in einem kleinen Sandelholzkästchen mit goldenen Beschlägen und Elfenbeinverzierungen, das eigens für sie geschnitzt worden war. Jeden Abend, wenn der Mandarin draußen in seinem wunderbaren Palastgarten unter den Vogelvolieren saß, öffnete er den Deckel des Kästchens, um nach seiner Tochter zu sehen.

Die kleine Daumeline aber war so betrübt über ihre Gefangenschaft, dass sie nicht mehr lächelte. Ihre schwarzen Perlenaugen verloren jeden Glanz und über ihre zartrosa Kirschblütenlippen kam kein einziger Ton mehr. Abend für Abend bat der Mandarin sie doch für ihn zu singen. Ein Lied von der Sehnsucht oder der Liebe, die er selbst doch nicht mehr kannte. Oder vielleicht auch eines über den roten Mond der nachts am Himmel über dem Palastgarten zog. Aber sie sah ihn nur stumm und traurig an.

Der Mandarin jedoch, mit dem Herz aus Stein, verspürte darüber nicht einmal mehr Trauer und im Lauf der Zeit vergaß er sogar, dass dieses kleine, hübsche Mädchen in dem Sandelholzkästchen ein menschliches Wesen und seine eigene Tochter gewesen war. Er sah sie an wie ein Spielzeug, dann schloss er den Deckel und stellte das Kästchen zur Seite.

Je mehr Zeit verging, umso tiefer vergrub er die Erinnerung an sie in seinem steinernen Herzen und irgendwann kam der Tag, an dem er das Kästchen nicht einmal mehr öffnete.


An diesem Tage erschien eine Fee im Palast. Es war die Stunde der Dämmerung. Sanfte, weiße Nebelschleier stiegen auf, welche die Fee zusammen mit ihren Schwestern hoch oben in ihrer Heimat der nördlichen Himmelsberge aus Wolken und Sehnsucht gewebt hatten und auf einem dieser Schleier kam sie völlig unbemerkt durch die weiten Fenster des Palastes herein.

Als sie das Sandelholzkästchen geöffnet hatte und auf das unglückliche, kleine Mädchen blickte, sprach sie: „Ich würde dich gerne von deinem Leid erlösen. Aber es ist mir leider nicht gegeben, den Zauber des alten Magiers aufzuheben. Jedoch ich kann ihn abschwächen. Wenn du die Aufgaben erfüllst, die ich dir stelle, dann kannst du den Fluch brechen. Also hör mir gut zu, mein Kind: Du musst auf eine weite Reise gehen und einen Mann finden, der bereit ist, dreimal sein Leben für dich zu geben. Dann erlangst du wieder deine wahre Gestalt." Kaum hatte die Fee dies gesagt, hob sie ihren Zauberstab und schwenkte ihn kurz über dem Kästchen. Es funkte und knisterte ein wenig, die weißen Nebelschleier hüllten die Fee wieder ein und schon war sie verschwunden.

Die perlenäugige Prinzessin schüttelte den Kopf. Wie sollte das gehen? Wie sollte sie, eingesperrt in dieses Kästchen, überhaupt auf Reisen gehen und wie sollte sie einen Mann finden, der sein Leben für sie gab und das auch noch drei Mal?

Es musste sich wohl um eine Laune der Feen handeln. Schließlich waren diese im ganzen Land hierfür bekannt. Also beschloss das Mädchen die Sache einfach wieder zu vergessen. Es rollte sich auf dem Boden des Kästchens zusammen, schloss die Augen und verfiel wieder in ihren gewohnten Dämmerzustand.

Aber die Fee sollte nicht der einzige Gast sein, der an diesem Tag in den Palast kam. Wenige Stunden später war es nämlich, dass ein weitgereister Händler eintraf, um dem Mandarin seine kostbaren Waren zu zeigen. Er führte wertvolle Seidenteppiche mit sich und breitete sie gerade vor dem Würdenträger aus, als sein Blick auf das Sandelholzkästchen fiel. Auf seine neugierige Bitte hin ließ der Mandarin es durch einen Diener öffnen. Als der Händler das winzige Mädchen erblickte, wollte er es um jeden Preis besitzen. Jedoch der Mandarin wollte davon nichts wissen. Er wusste zwar nicht mehr genau warum er es behalten wollte, aber irgendetwas hielt ihn davon ab, dieses Kästchen samt Inhalt zu verkaufen.

Jedoch das Verlangen des Kaufmannes nach diesem Kästchen, dessen Wert er mit geschultem Händlerblick sogleich erkannt hatte, war so groß, dass er es schließlich in einem unbedachten Augenblick, während der Mandarin gerade einen der angebotenen, kostbaren Teppiche begutachtete, einfach stahl.

So also begann die große Reise des kleinen Sandelholzmädchens. Ohne zu wissen, wie ihr geschah, reiste sie die Seidenstraße entlang über die Große Chinesische Mauer durch die Wüste Gobi, über den Hindukush bis Samarkand und von Bagdad nach Konstantinopel.

Sieben lange Jahre dauerte diese Reise des kleinen, perlenäugigen Mädchens in seinem hölzernen Kästchen und es wanderte in dieser Zeit als kostbares Tauschobjekt durch unzählige Hände. Marktschreier priesen es an; Karawanenführer und Seefahrer begehrten es als Geschenk für daheim gebliebene Töchter oder Bräute. Und immer wieder fand sich ein neuer Besitzer, der willens war einen noch höheren Preis dafür zu bezahlen, als der bisherige. Aber niemals fand sich einer, der bereit war auch nur einmal sein Leben für das Sandelholzmädchen zu geben.

Im Bazar von Konstantinopel inmitten von Wasserpfeifen, Gewürzen und bunten Stoffen, grob gewebten Kelims und Schuhen aus Kamelleder, erstand es eines Tages ein venezianischer Tuchhändler. In seinem Gepäck fuhr es nun auf einem schaukelnden Schiff mit weit geblähten Segeln nach Italien und von dort aus überquerte es inmitten riesiger Seidenballen die Alpen. Niemand kann sagen, wie es geschehen konnte, dass das Kästchen samt seines kostbaren Inhalts schließlich in die tanzenden Wogen des grünen

Innflusses gelangte – war es beim Aus- und Umladen aus den Stoffballen gefallen, bei einem Gewittersturm über Bord eines windschiefen Flussbootes gespült worden oder war es dem magischen Zutun der wohlwollenden Fee aus den nördlichen Himmelsbergen zu verdanken, welche die Reiseroute der Mandarinentochter in eine bestimmte Richtung drängen wollte? Jedenfalls schaukelten es die Wellen tagelang auf und nieder und des Nachts da sangen von den Ufern herüber die sanft rauschenden, silberblättrigen Weiden ihre traurigen, sehnsuchtsvollen Wiegenlieder in die schlaflosen Nächte des kleinen Sandelholzmädchens hinein, das mit stummen Bangen ihrer ungewissen Zukunft entgegentrieb.

Während all dieser Jahre wandelte im weit entfernten Reich der aufgehenden Sonne der einsame Mandarin mit dem steinernen Herzen durch seinen prächtigen Palast mit den goldenen Pagoden und dem wundersamen Garten, in dem immer noch unzählige Springbrunnen plätscherten und die herrlichsten Vögel in den Volieren zwitscherten.

Er hatte das kleine Kästchen aus Sandelholz mit der perlenäugigen Prinzessin darin, die einst seine Tochter gewesen war, längst vergessen. Ein steinernes Herz besitzt nicht viel Erinnerung. Es mag wohl auch keinen Schmerz verspüren. Jedoch gab es etwas, den traumhaften Hauch einer Sehnsucht, der seinen Geist an manchen

Tagen streifte. In diesen Momenten schien es ihm, als höre er ein Mädchenlachen; zwei, drei zerrissene Töne eines Liedes. Dann rief der Mandarin nach dem alten Magier und fragte ihn: „Kannst du mir sagen, wie Sehnsucht riecht?"

Und der Magier, der stets versucht war, dem Anspruch gerecht zu werden, auf jede Frage ein weise Antwort zu wissen, schloss für einen kurzen Moment die Augen, nahm sein kleines, spitzes Bärtchen in die Hand, als wolle er daran ziehen und sprach in wohl überlegten Worten: „Sehnsucht? Nun, mein Herr, die wahre Sehnsucht ruht im Herzen eines Feuervogels. Nur wer mit einem Messerstich mitten ins Herz einen Feuervogel tötet, wird für einen Lidschlag der Ewigkeit wissen, wie Sehnsucht riecht."

Sogleich am nächsten Tag ließ der Mandarin bekanntgeben, dass demjenigen, der ihm einen lebenden Feuervogel bringen würde, eine unermesslich große Belohnung winken sollte. Und so zogen Abenteurer und Glücksritter aus allen Ecken und Enden des Reiches aus, ein solch kostbares Tier zu finden.

Die Jagd auf einen ausgewachsenen Feuervogel ist jedoch ein schweres Unterfangen. Nicht nur, dass diese prachtvollen, stolzen, goldgefiederten Tiere sehr selten sind, sie verfügen zudem über eine ungeheure Flügelspannweite, kräftige, messerscharfe Krallen und bereits ein einziger ihrer Schnabelhiebe ist absolut tödlich.

Aber die Versprechungen auf Reichtum und Ruhm, die der Mandarin gegeben hatte, ließen viele die Gefahr vergessen und so tränkte schon bald das Blut der meisten dieser Helden die Erde des östlichen Reiches.

Zu dieser Zeit lebte jedoch ein junger Mann, ein Reisbauer, der mit viel harter Arbeit und Mühe sich und seine Familie gerade so am Leben halten konnte, der wusste, wie man es klüger anstellen konnte. Oben in den Jadebergen befand sich das Nest eines Feuervogels, in dem ein noch nicht ausgebrütetes Ei ruhte. Er legte sich also auf die Lauer und wartete den günstigen Augenblick ab, in dem die Feuervogelmutter das Nest verließ, um auf Nahrungssuche zu gehen. Er musste schnell sein. Lange würde sie das Ei sicherlich nicht alleine lassen. So kletterte er geschwind den Felsvorsprung hinauf, griff die begehrte Beute, steckte sie in einen wärmenden Beutel und machte sich davon.

Als der Feuervogel zurück zum verlassenen Nest kam und sein markerschütternder, qualvoller Schrei über das ganze Land hinweg hallte, war der Reisbauer schon längst auf dem Weg zum Palast des Mandarins.

Die Belohnung war reichlich – ein Mehrfaches dessen, was er sich mit den Mühen seiner Hände Arbeit in einem langen Leben hätte erwirtschaften können – wie es eben schon immer so gewesen war, bei Geschäften, die jeden Anflug eines Gewissens vergessen lassen mussten. Und so waren am Ende alle zufrieden: Der Reisbauer, der seiner Familie nun ein sorgenfreies Leben bieten konnte, der Magier, der einmal mehr seine Eitelkeit befriedigt sah, indem er eine kluge Antwort auf eine außergewöhnliche Frage geben konnte und nicht zuletzt der Mandarin, der bald wissen sollte, wie Sehnsucht riecht.

Im Palast wurde das Feuervogelei in warme Tücher gepackt und sehnlichst der Augenblick erwartet, in dem der spitze Schnabel des Vogeljungen endlich durch die harte, weiße Schale dringen sollte.

Endlich war es soweit: Am frühen Morgen eines schönen Sommertages zeigte das Ei die ersten Risse. Nun ging alles sehr, sehr schnell. Während die Risse sich in Löcher verwandelten und nach und nach das noch blinde Vogeljunge sichtbar wurde, griff der Mandarin nach seinem Dolch. Der neugeborene Feuervogel hatte nicht einmal die Gelegenheit, sein feuchtes Goldgefieder trocken zu schütteln, das Licht des ersten Sonnenstrahles war noch nicht durch seine geschlossenen Lider gedrungen, da fuhr die spitzige Klinge schon durch seine zarte Brust hindurch mitten hinein in sein schnell pochendes Herz. Sogleich schwanden ihm die Sinne und sein Bewusstsein wurde in einen Strudel leuchtendroten Lichtes gerissen. Im selben Moment fasste der Mandarin sich erschrocken an seine eigene schmerzende Brust. Während das eine Herz aufhörte zu schlagen, fing seines plötzlich an: hart und heftig, wie eine mächtige Trommel und mit jedem Schlag tauchten vor seinen geschlossenen Augen alte, längst vergessene Bilder auf. Bilder einer perlenäugigen Prinzessin, die ihn mit roten Kirschblütenlippen liebevoll anlächelte; das Lächeln verschwand und er sah seine Geliebte mit bleichem Gesicht auf dem Totenbett ruhen, er sah Totenfeuer brennen und Trauerfahnen wehen und während diese sich wie Nebelschwaden auflösten, stieg das Gesicht eines kleinen Kindes vor ihm auf: Ein Mädchen, ebenso schön wie seine Mutter mit perlschwarzen Augen und einem kirschroten Mund und diese Erinnerung ließ den Mandarin nun einen Schmerz empfinden, wie nie zuvor in seinem Leben und eine Sehnsucht stieg in ihm auf, die jedes bisher gekannte Gefühl übertraf. In diesem Augenblick, in dem sein versteinertes Herz wieder zu schlagen begann, erinnerte sich der Mandarin an all die Liebe, die er jemals in seinem Leben empfangen und wieder verloren hatte und er erkannte mit absoluter Klarheit, dass ein Lidschlag der Ewigkeit für uns Menschen die Dauer eines langen Lebens bedeuten kann, denn diese Sehnsucht nach dem Verlorenen ließ den Mandarin niemals wieder los. Und so wandelte er Zeit seines Lebens einsam durch seinen mit goldenen Pagoden verzierten Palast und seinen Garten mit den unzähligen Springbrunnen in der traurigen Gewissheit, weder seine Tochter, noch seine geliebte Frau jemals wieder zu sehen.

Nahezu im selben Augenblick, in dem das steinerne Herz des Mandarins wieder zu schlagen begann, schreckte weit entfernt am sonnenbeschienenen Ufer des grünen Innflusses ein junger Mann plötzlich aus tiefem Schlaf. Benommen sah er sich um. Wieso war er hier? Wo war der Palast? Wo der Mandarin? Und er selbst, war er nicht… ? Sollte er nur geträumt haben? Geschwind sprang er auf die Beine und lief so schnell er konnte zu seiner Hütte. Immer wieder tasteten seine suchenden Hände unter das Bett: Nichts! Keine Spur von einem Kästchen. Das Ganze war also nur der narrende Spuk eines Traumes gewesen. Verzweifelt legte der junge Mann sein Gesicht in die Hände. Ach, wie sehr hätte er sich gewünscht, diesen Traum leben zu können. Aber es sollte wohl nicht sein. Er seufzte tief und wollte sich gerade wieder erheben, da hörte er plötzlich hinter sich ein leises Lachen. Er wandte sich um und glaubte seinen Augen nicht zu trauen.

In der noch offenen Tür, von hellen Sonnenstrahlen umrahmt, stand das Sandelholzmädchen in ihrem rotseidenem Anzug mit goldenen Litzen. Ihre kohlschwarzen Augen blitzten und ihr Haar glänzte, wie eine Haube aus schwarzem Lack. Aber sie war nicht mehr winzig und klein, sondern hatte ihre natürliche Gestalt wieder gefunden. Der Junge sprang auf, nahm sie in die Arme und war sich sicher, dass er sie nie wieder loslassen würde.

Ja, und so endet nach vielen weiten Wegen nun auch dieses Märchen mit: *Und die Beiden lebten glücklich und zufrieden bis ans Ende ihrer Tage.*

# Der Prinz im Hollerbusch

s war einmal vor langer Zeit, ...

... als die Wälder noch undurchdringlich und die Wiesen noch grün waren, als die Vögel noch sangen und die Fischlein fröhlich in den Bächlein sprangen, da lebte einst ein junges Mädchen zusammen mit ihren armen, alten Eltern in einer kleinen Köhlerhütte am Waldrand.

Durch die langen Jahre seiner mühevollen Arbeit war der alte Vater müde und krank geworden. Seine Knochen schmerzten und ein böser Husten plagte ihn qualvoll Tag und Nacht.

Eines Tages rief die Mutter das Mädchen zu sich: „Mein liebes Kind", sprach sie, „geh zum Großbauer und bitte um etwas Schmalz, damit wir die geschundenen Glieder deines armen Vaters damit einreiben können! Vielleicht mag ihm das etwas Linderung verschaffen."

Das brave Mädchen machte sich sofort auf den Weg. Zaghaft klopfte es an des Bauern Türe.

„Kommst du endlich, um die Schulden deines Vaters zu bezahlen?", polterte der fette Bauer, als er geöffnet hatte.

„Nein, Herr!", sprach es mit zitternder Stimme. „Ich bin gekommen, um von euch einen Scheffel Schweineschmalz zu erbitten, für meinen kranken Vater."

„Was", rief er, „du wagst es zu betteln? Mach, dass du wegkommst, sonst hetze ich meine Hofhunde hinter dir her! Bezahlt erst die ausstehende Pacht, dahergelaufenes Gesindel!" Voller Angst raffte das Mädchen die Röcke und lief so schnell es konnte wieder nach Hause.

Als es der Mutter erzählt hatte, was passiert war, weinten die beiden bittere Tränen. Nach einer Weile, als sie sich getröstet hatten, sprach die Mutter: „Mein liebes Kind, ich weiß eine Lösung! Du musst zur alten Waldburgl gehen, die unten am grünen Fluss lebt. Sie besitzt bestimmt ein Kraut, das unseren Vater heilen kann."

Ganz früh am anderen Morgen stand das Mädchen auf. Die Mutter hatte ihm etwas Brot und Käse in ein Tuch gepackt, sprach ihren Segen und ließ ihre Tochter dann mit Tränen in den Augen ziehen.

Die Sonne war noch nicht ganz aufgegangen, als das Mädchen sich auf seinen langen Weg machte. Ängstlich tastete es sich Schritt für Schritt in den dunklen, tiefen Wald hinein. Stunde um Stunde wanderte es so dahin und wusste bald nicht mehr, wie viel Zeit vergangen war. Nicht einmal ein Sonnenstrahl durchdrang das dichte Blätterwerk. Die unheimliche Stille, die es umgab, wurde nur noch vom Rauschen der Blätter und dem Knacken der trockenen Zweige durchbrochen.

Als es schon gar nicht mehr glaubte, die Hütte der alten Waldburgl zu finden, hörte es mit einem Mal ein Plätschern und als es aus dem Gebüsch heraus trat, stand es an einem sonnenbeschienen, grünen Fluss, an dessen Ufer eine kleine, windschiefe Hütte stand.

Erschöpft und müde ging das Mädchen auf das kleine Häuschen zu. Es klopfte an und nachdem niemand geantwortet hatte, drückte sie langsam den Knauf nach unten und die Türe öffnete sich knarrend.

Drinnen in der Hütte brannte ein großes Feuer über dem ein gusseiserner Kessel hing. Davor saß eine uralte Frau und rührte mit einem hölzernen Löffel einen zähflüssigen Brei, auf dem ab und zu heiße Blasen aufsprangen und über den Kesselrand spritzten.

„Ich grüße euch!", sagte das Mädchen. „Seid ihr die alte Waldburgl?"

„Wer fragt danach?", entgegnete die Alte mit krächzender Stimme.

„Ich komme aus der Köhlerhütte vor dem Wald und möchte euch um ein Kraut für die kranken Glieder meines Vaters bitten."

„Dein Vater ist schwer krank", sprach die Alte. „So ein starkes Kraut besitze ich nicht. Aber ich weiß wo du eines finden kannst. Folge immer dem Fluss, bis du hoch oben auf einem Hügel eine Burg siehst. Dort musst du hinauf und lass dich von niemandem aufhalten. Im Burggarten wächst ein besonderer Hollerbusch. Pflück' einen blühenden Zweig davon, der wird deinen Vater heilen. Du kannst gerne hier am Feuer ein Lager richten und die Nacht bei mir verbringen, damit du dich morgen ausgeruht auf den Weg machen kannst."

Da das Mädchen schon sehr müde war, dankte es der Alten, legte sein Bündel vor den Kamin, bettete sein müdes Haupt darauf und fiel sogleich in einen tiefen, traumlosen Schlaf.

Früh am Morgen stand die Köhlerstochter leise auf. Sie hörte das Schnarchen der Alten, die sich auf die hölzerne Bank gebettet hatte. Vorsichtig öffnete sie die Türe, ging nach draußen vor die Hütte und sammelte Holz für den Herd. Dann  schürte sie das Feuer, setzte den Kessel auf und deckte den Tisch. Noch einmal ging sie nach draußen, um die Ziege im Stall zu melken. Sie füllte die frische Milch in zwei Becher, nahm Brot und Käse aus ihrem Tuch, teilte alles in zwei Teile und weckte die Alte. Als die beiden nun am Tische saßen und aßen und tranken, schlich die kleine schwarze Katze der alten Burgl um die Beine der jungen Frau. Da schüttete sie ein wenig Milch aus ihrem Becher in ein kleines Tellerchen und stellte ihn der Katze unter den Tisch.

Schließlich erhob sie sich und ging zur Tür.

„Warte, mein Kind", sprach die Alte, „ich gebe dir noch etwas mit auf den Weg."

Die Waldburgl fasste in die Tasche ihres alten, abgetragenen Kittels und zog eine kleine, silberne Flöte hervor. „Nimm sie mit dir, sie kann dir vielleicht einmal gute Dienste leisten."

Das Mädchen bedankte sich und machte sich ausgeruht und frohen Mutes auf den Weg. Wie die alte Burgl es ihm geraten hatte, folgte es immer dem Lauf des Flusses. Es kam an Dörfern und Siedlungen vorbei, begegnete schweigsamen Männern beim Fischen und lachenden, schwatzenden Frauen beim Wäschewaschen. Das Mädchen jedoch blieb keinen Augenblick stehen, sondern ging unbeirrt weiter auf seinem Weg. Die Sonne stand schon hoch am Himmel, als es endlich vor sich in weiter Ferne, eingehüllt in dichte Nebelwolken, eine erhabene Burg erblickte. Oben auf einem Berg leuchteten im hellen Sonnenlicht beflaggte Zinnen. Aber es war noch ein langer, weiter Weg, bis es endlich den Fuß des steilen Berges erreicht hatte. Die weißen, schimmernden Nebelschwaden umfingen die junge Frau und hüllten sie ein. Sie sah nicht nach links und nicht nach rechts. Zielstrebig setzte sie einen Fuß vor den anderen und begann mit dem mühseligen Aufstieg.

Je höher sie stieg, um so dichter wurde der Nebel. Es war ein mühseliger Aufstieg und ein kalter Wind zerrte an ihren Gliedern. Aber sie gab nicht auf. Sie ging weiter und immer weiter. Als sie sich schon am Ende ihrer Kräfte glaubte, begann sich der Nebel endlich zu lichten und sie sah vor sich einen Weg, der direkt zur Burg führte.

Das steinerne Gemäuer war umfangen von lähmender Stille. Weder war das Zwitschern eines Vogels zu hören, noch das Rauschen des Windes in den Blättern und nirgendwo war eine Menschenseele zu sehen. Rasch überquerte sie die Zugbrücke und betrat unbehelligt das Innere des Burghofes. Als sie sich eine Weile umgesehen hatte, entdeckte sie unter einer alten Stiege am Wachturm einen großen Hollerbusch.

Freudig eilte sie auf ihn zu und gerade, als sie die Hand ausstreckte, um einen blühenden Zweig zu brechen, hörte sie eine Stimme: „Brich mich nicht!"

„Wer bist du?", fragte sie zu Tode erschrocken.

„Ich bin der Sohn des verstorbenen Burgherren. Meine Stiefmutter hat mich verzaubert, um in den Besitz meines Erbes zu kommen. Aber du kannst mich erlösen."

„Wie soll ich das denn tun?", fragte die junge Frau und neigte sich ganz nah ins Geäst. Da erblickte sie in den verzweigten Ästen die Gestalt eines wunderschönen, jungen Prinzen. Auf der Stelle verliebten die beiden sich ineinander.

„Du musst mich küssen!", sagte er lachend.

Da schloss sie ganz fest die Augen und beugte sich noch tiefer in den Busch hinein. Einen winzigen Augenblick, bevor sich ihrer beiden Lippen wie zarte Rosenblätter berührten, spürte sie plötzlich einen harten Schlag auf ihrer Schulter.

„Halt!", rief eine tiefe Stimme. „Was machst du da?"

Bevor das arme Mädchen sich überhaupt besinnen konnte, wurde es von den Wachposten ergriffen und vor die Burgherrin geschleppt.

„Herrin, wir haben dieses Frauenzimmer draußen im Burghof aufgegriffen. Wir haben sie dabei erwischt, wie sie den alten Hollerbusch besprochen hat."

Die Burgherrin erschrak zutiefst und dachte bei sich: „Das Mädchen wollte sicher den Prinzen befreien." Laut aber sprach sie: „Dann ist sie sicher eine Hexe! Bringt sie sofort zum Bischof – er soll ihr den Prozess machen."

Noch ehe die Nacht hereinbrach, saß die Arme zitternd und weinend im Kerker des Burgverlieses. Draußen gingen die Wachposten mit laut polterenden Schritten auf und ab. Morgen früh schon sollte sie auf dem Scheiterhaufen brennen.

Dicke Tränen kullerten ohne Ende über ihre Wangen. Als sie vor Erschöpfung gar nicht mehr weinen konnte, fasste sie mit der Hand in die Tasche ihres Kleides und spürte darin plötzlich die kleine, silberne Flöte der alten Waldburgl.

Sie zog das Instrument hervor, setzte es an die Lippen und begann eine wunderschöne, traurige Melodie darauf zu spielen.

Die junge Frau war so sehr in ihr Spiel vertieft, dass sie darüber ihren ganzen Kummer vergaß; ja sie hörte nicht einmal mehr, dass die Wachposten, einen tiefen Seufzer ausstoßend, auf den Boden sanken und schlafend liegen blieben.

Erst als sie ein immer wieder kehrendes: „Miau, Miau" hörte, hob sie den Blick und sah draußen vor dem Verlies die kleine, schwarze Katze der alten Burgl.

Das Tier steckte seinen Kopf durch das Gitter und lies aus seinem Mäulchen einen Schlüssel fallen.

Geschwind hob die Gefangene ihn auf, steckte ihn in das Schloss und öffnete die Türe. Vorsichtig blickte sie sich um und schlich leise auf Zehenspitzen, damit sie die Wachposten, die immer noch laut schnarchend auf dem kalten Kerkerboden lagen, nicht weckte, den langen, düsteren Gang hindurch aus dem Kellerverlies ins Freie. In Windeseile lief sie zum Hollerbusch und rief nach dem Prinzen.

Natürlich haben die beiden sich geküsst und natürlich gab es bald darauf ein großes, rauschendes Hochzeitsfest, wie man es im ganzen Lande noch nicht erlebt hatte. Das Mädchen und der Hollerprinz lebten glücklich und zufrieden bis an ihr Lebensende.

Auch die Eltern der Braut lebten von nun an auf der Burg, auf der sie einen friedlichen und gesunden Lebensabend fanden.

Und die Stiefmutter des Hollerprinzen? Die ist bei Nacht und Nebel geflüchtet und obwohl der rechtmäßige Burgherr ihr seine Schergen hinterher hetzte, hat man nie wieder etwas von ihr gesehen.

Später jedoch erzählten die Leute, dass zu dieser Zeit der geizige Großbauer eine sehr zänkische und böse Frau bekommen hat.

# Wie die Drachen nach Wasserburg kamen

Tiefe, schwarze Wolken ...

... hatten sich über dem Fluss zusammen geballt und brachten eines jener seltenen, aber dafür umso furchterregenderen Wintergewitter mit sich. Donner grollte, gelbe Blitze zuckten vom Himmel herab und erhellten für kurze Augenblicke das Innere der düsteren, kalten Burg. Der Herzog ging mit polterndem Schritt im Burgsaal auf und ab. Hin und wieder blieb er stehen, fluchte laut und raufte sich das wirre, schwarze Haar. Immer wieder starrte er mit wildem Blick auf die fast leeren Geldtruhen, stieß zornig mit seinem schweren Stiefel dagegen.

Die Goldmünzen wurden immer weniger und weniger. Die Neubauten der Burgkirche, des Brucktores und die ständigen Ausbesserungsarbeiten an der Wehranlage hatten große Löcher in den herzoglichen Haushalt gerissen.

Die Abgaben für Bürger und Bauern ließen sich beim besten Willen nicht mehr erhöhen. Das sah sogar der grimmige Burgherr ein. Aber irgendwie musste mehr Geld hereinkommen, wenn er nicht bald auf den Hund kommen wollte, dessen Umrisse sich schon auf dem Boden der Geldtruhe abzeichneten.

Er setzte sich an seinen hölzernen Tisch, nahm den schweren Krug auf, schenkte Bier in einen Becher, der schäumend überlief, und trank ihn auf einen Zug leer. Was sollte er nur tun?

Plötzlich, genau in dem Augenblick, als die Burg von einem krachenden Donner erschüttert wurde, durchfuhr ihn ein Gedanke. Ja, das war es! Warum war er nicht schon früher darauf gekommen? Er musste einen dieser berühmten Magier, von denen man allerorts sprach, auf seine Burg holen. So einen, der es verstand Silber oder besser sogar noch Gold herzustellen.

Sogleich rief er nach seinem Kurier und nachdem dieser entsprechend instruiert war, machte der Bote sich auf einem schnellen Pferd auf den Weg nach Salzburg, um von dort einen geeigneten Mann zu bringen.

***

Es vergingen keine zwei Wochen und einer der namhaftesten Alchemisten der damaligen Zeit hatte eine Kammer in der Wasserburg hoch über dem grünen Fluss bezogen.

Da weder seine magischen Beschwörungsformeln, noch seine chemischen Versuche in Salzburg zu einem zufriedenstellenden Ergebnis für seinen Auftraggeber geführt hatten, musste er fürchten, an die Inquisition verraten zu werden und nach einer schlimmen Folter auf dem Scheiterhaufen zu brennen.

Nun kam ihm das Versprechen des Herzogs, ihn auf seiner Burg zu verstecken und ihn vor dem langen Arm des Klerus' zu beschützen, gerade Recht, weshalb er dem gesandten Kurier unverzüglich bei Nacht und Nebel folgte.

Als er bald darauf zusammen mit dem Herzog an dessen Tafel bei Speise und Wein saß, brachte der Burgherr auch sogleich sein Anliegen zur Sprache:

„Mein lieber Magister, ich möchte, dass Ihr Silber oder noch besser Gold für mich macht! Es soll Euer Schaden nicht sein. Ihr wisst, wie leicht einer wie Ihr des Teufelswerkes bezichtigt wird. Ich kann Euch davor beschützen. Und außerdem werde ich Euch gut dafür belohnen. Ihr könnt hier auf meiner Burg Euer Auskommen finden und es soll Euch, solange Ihr lebt, Unterschlupf gewährt sein. Aber ich erwarte gute Arbeit von Euch!"

„Daran soll es nicht liegen, Herr", antwortete der Alchemist. „Aber es ist ein schwieriger Prozess die edlen Metalle herzustellen. Ich bin zwar sicherlich erfahren und weiß mehr, weit mehr, als andere, die ja allesamt nur wortgewandte Quacksalber sind. Ich bin ein wahrer Eingeweihter. Ich habe sie studiert, nächtelang, die Gesetze der prima materia, ich kenne die Geheimnisse, welche die Welt am Laufen halten und ich war immer nahe dran, ihn zu finden, den Stein der Weisen – was immer auch Neider und Widersacher gegen mich gesagt oder unternommen haben. Ich bin der größte lebende Weise! Aber trotzdem, das große Werk, das Ihr hier von mir fordert, braucht Zeit und es sind viele Dinge hierfür erforderlich."

„Ihr habt völlig freie Hand! Tut, was immer Ihr tun müsst. Meine Bediensteten sind angewiesen, Euch in jeder Hinsicht zu unterstützen."

Und so kam es, dass in einer dunklen Nacht, in der die Nebel vom grünen Fluss heraufzogen und die Wasserburg wie mit einem weißen, leinernen Tuch umfingen, ein Alchemist in einer düsteren Kammer sein geheimnisvolles Werk begann.

Tage- und wochenlang brütete er über den handschriftlichen Formeln und Aufzeichnungen in den dicken, ledergebundenen Büchern oder alten, brüchigen Pergamentrollen, die er mit sich gebracht hatte. Leuchtend grüne, rote und gelbe Flüssigkeiten siedeten, köchelten und brodelten in Retorten und Reagenzgläsern, aus denen kleine Dampfwolken aufstiegen, über offenen Feuerflammen. Hin und wieder murmelte er geheimnisvolle Zauberworte, zeichnete mit seinen langen, dürren Fingern Runenzeichen in die Luft, schüttelte das eine oder andere Glas ein wenig oder gab eine Prise von diesem oder jenem Pulver oder Kraut hinein.

Wenn der Herzog ungeduldig an seine Türe pochte, um sich nach dem Stand der Dinge zu erkundigen, verbat er sich energisch jegliche Störung.

„Habt Geduld! Geduld! Es geht um das große Werk! Ihr dürftet es nicht durch Unachtsamkeit und Ungeduld zerstören!"

Also versuchte der Herzog sich von nun an in Geduld zu üben. Das war jedoch für einen Mann seines Temperamentes nicht so einfach und als schließlich Woche um Woche verging, die Geldtruhen immer leerer und leerer wurden, war es mit dieser Geduld bald zu Ende.

Mehrmals täglich stand er – die Hand über dem Türknauf – vor der Kammer des Alchemisten. Was, wenn er durch sein übereiltes Eintreten das gesamte Experiment zum Scheitern brachte? Der Herzog legte sein Ohr an die Türe – aber was bekam er da zu hören?

Er hörte es brodeln und zischen, er hörte das Glucksen von Flüssigkeit, das Rascheln von Blättern, die schnellen Schritte des Magiers und er hörte ihn immer wieder murmeln: „so nicht… , so war das nichts… , nein, nein, nein, das war das Falsche… , nein, nein, es muss ein anderes Elixier sein, eine andere Rezeptur!"

Dem Herzog kamen immer mehr Zweifel an den Fähigkeiten seines Gastes. War er vielleicht einem Scharlatan aufgesessen? Das durfte nicht sein!

Mit eiserner Willensanstrengung beherrschte er sich, um nicht gleich in die Kammer zu stürzen. Stattdessen zog er sich in seine Burghalle zurück, schickte einen Diener mit dem Befehl zu dem Alchemisten, dass dieser sich pünktlich zu Sonnenuntergang beim Herzog einzufinden hatte, um einen entsprechenden Rapport über den Fortgang der Forschungsarbeit abzulegen.

Bald darauf, als gerade die letzten Sonnenstrahlen schräg durch die Burgfenster fielen, erschien der Alchemist vor dem Herzog.

„Nun, Magister", kam der Burgherr gleich zur Sache, „wie seht es denn nun mit meinem Gold?"

„Ich komme voran, Herr, ich komme voran, gewiss. Jedoch es fehlt noch etwas zur Vollendung des großen Werkes. Etwas, das unablässig ist für die Herstellung der edlen Metalle."

„Und was ist das?"

„Es ist – und darüber bin ich mir nach eingängigen Studien meiner Aufzeichnungen gewiss – es ist die Schuppe eines Drachenschwanzes."

„Ja, dann besorgt sie!"

„Mit Verlaub, mein verehrter Herzog, das ist nicht so einfach. Diese Schuppe muss einem Drachen während des Fluges mit einem silberschneidigen Schwert abgeschlagen werden. Deshalb ist es erforderlich, ein solches Untier hierher an den Ort zu locken. Und das ist, wie Ihr sicherlich verstehen werdet, nicht ungefährlich!"

„Ja, ja, das mag schon sein", der Herzog wischte die Einwände des Alchemisten mit einer barschen Handbewegung einfach zur Seite. „Aber ich habe absolutes Vertrauen in Eure Fähigkeiten. Macht irgendeinen Zauber und holt so ein Tier hierher! Wir haben keine Zeit mehr zu verlieren. Meine finanzielle Lage lässt keine Verzögerungen mehr zu. Ich gebe Euch noch einen Monat Zeit. Dann muss das Gold meine Truhen hier füllen. Sonst sehe ich schwarz für Euch, mein lieber Magister! Wie Ihr wisst, brennen die Scheiterhaufen hier in der Gegend recht schnell!"

Dem Zauberer wurde heiß. Mit zitternden Hand wischte er sich den Schweiß von der Stirn. „Ich bitte Euch, Herr! Glaubt mir, ich tue mein Möglichstes. Aber um einen Drachen anzulocken ist ein schwieriges, äußerst kompliziertes Ritual erforderlich. Es kann nur zelebriert werden, wenn die Sternenkonstellation entsprechend ist. Dazu müssen Merkurius, der Herrscher des flüchtigen Metalls, zusammen mit Sonne im Zeichen des Stieres, Jupiter, der Planet der Fülle, im Zeichen des Löwen und der volle Mond im magischen Zeichen des Skorpions stehen. Dies ist aber erst in zwei Monaten der Fall. Bis dahin müsst Ihr Euch gedulden."

„Also gut! Das ist aber die letzte Frist. Wenn Ihr dann keinen Erfolg habt, übergebe ich Euch der Inquisition!"

Mit Bangen verbrachten sowohl der Herzog, als auch der Alchemist die Zeit bis zum großen Tag. Dann war es endlich soweit. An einem lauen Maiabend sollte die ebenso schwierige, wie gefährliche Zeremonie stattfinden.

Es wurde der herzogliche Befehl ausgegeben, dass es an diesem Abend nach Einbruch der Dunkelheit bei härtester Strafe verboten war, die Häuser zu verlassen. Jeder, ob Mann, ob Frau, ob Kind, hatte Fenster und Luken zu verhängen, Türen zu verschließen und niemand durfte es wagen, auch nur einen einzigen Blick nach draußen zu werfen.

Sogar der Herzog selbst blieb im Schutze seiner Burg zurück und wartete ungeduldig auf das Ende des Rituals.

Langsam versank die Sonne hinter den Zinnen der herrschaftlichen Burg und tauchte die Szenerie in ein feuriges, rotgoldenes Licht. Zur gleichen Zeit erhob sich genau gegenüber der volle, runde Mond über den hohen weiten Hügeln, welche den Flussmäander umfingen.

Ehrfurchtsvoll schritt der Magier, gehüllt in einen weiten, schwarzen Mantel mit goldenen Ornamenten darauf, durch das große Stadttor auf die Brücke hinaus. In seiner linken Hand hielt er einen Kelch mit dampfender, rotglühender Flüssigkeit und in seiner rechten ein langes Schwert mit silberner Klinge. Während er nun damit begann beschwörende Formeln zu murmeln, reckte er die Arme zum Himmel empor. Im gleichem Maß, in dem sein Murmeln lauter und lauter wurde, erhob sich von Süden her ein merkwürdig warmer Wind, der immer heftiger und immer stärker blies. Schließlich weitete er sich zu einem mächtigen Sturm aus, der gewaltig am Mantel des Alchemisten zerrte. Fast schien es so, als würde er den Zauberer von der Brücke herab in die Wogen des Flusses reißen. Jedoch der Magier ließ sich nicht beirren. Mit aller Kraft stemmte er sich gegen die Windböen und rief mit immer lauter werdender Stimme seinen Zauberspruch in den blutrot leuchtenden Himmel hinauf.

Und verborgen unter der Brücke – trotz des strengen Verbotes des Herzogs – lauerten einige Unbelehrbare, welche eine unzähmbare Neugierde doch aus den Häusern getrieben hatte. Sie hörten nun den zauberischen Singsang und bald begannen sie auch die Worte zu verstehen:

> *„Echsenblut und Spinnenbein,*
> *Drachenschupp' und Zauberwein,*
> *mit Runenmacht in Vollmondnacht*
> *ist das große Werk vollbracht!*
> *Herbei, herbei Ihr Ungeheuer*
> *beherrscht die Luft und auch das Feuer,*
> *mit Merkur, Jupiter und Sonnen*
> *ist bald das große Werk gewonnen."*

Immer wieder und wieder rief der Alchemist diese Worte, ja er schrie sie gegen alle Naturgewalten, in die hereinbrechende Nacht hinaus und mit einem Mal erhob sich ein Rauschen, das sogar das Sausen und Brausen des Sturmes übertönte.

Aus der kleinen Gruppe von Menschen, die sich eng unter die Brückenpfeiler hinein gedrückt hielten, erhoben sich jetzt zwei oder drei aus dem Haufen heraus, um zu sehen, was da kam und was der Grund für dieses immer lauter werdende Rauschen war. Die Vorsichtigeren unter ihnen hielten sie an Rockschößen und Hosenbeinen fest, damit der Wind sie nicht davontrüge.

Und dann sahen sie es:

Es waren Drachen! Riesige Drachen, flackernde Feuerzungen vor den gewaltigen Mäulern. Auf mächtigen, weiten Schwingen flogen sie über die erhabene Burg hinweg und näherten sich der Brücke, auf welcher immer noch, Kelch und Schwert wie zum Schwur erhoben, der Alchemist seinen Zauberspruch rief.

Glücklicherweise gelang es den meisten der heimlichen Zuschauer, sich gerade noch rechtzeitig mit den Gesichtern auf die Erde zu werfen und die Arme schützend über ihre Köpfe zu legen, ehe der schwefelige Atem der fliegenden Ungeheuer sie erfasste. Für diejenigen, die aber zu weit nach vorne gedrängt hatten, war es zu spät. Der todbringende Feueratem der Bestien hatte sie gestreift und ihr Lebenslicht war erloschen, noch ehe sie zu Boden sanken.

Die Drachen aber hatten nun die Brücke erreicht und stürzten sich fauchend und feuerspeiend mit weit geöffneten Rachen auf den einsamen Alchemisten mit den zum Himmel erhobenen Armen.

Als dieser die grauenhaften Kreaturen auf sich zukommen sah, lies er mit einem entsetzten Schrei Kelch und Schwert fallen. Im Augenblick des Erkennens dieser tödlichen Gefahr  vergaß er seinen Plan vom großen Werk und den Auftrag des Burgherren. Von wilder Panik ergriffen lief er, so schnell er konnte, mit wehendem Mantel davon. Er rannte und rannte, die Stadt hinter sich lassend immer weiter und immer weiter. Und die Drachen flogen fauchend und feuerspeiend hinter ihm her.

In der Stadt am grünen Fluss hat man weder von den Drachen noch von dem Alchemisten je wieder etwas gesehen oder gehört. Niemand weiß wohin er gelaufen oder was mit ihm geschehen ist.

Von dieser Zeit an, ließ es sich die Bevölkerung der Stadt jedoch nicht nehmen, zur Erinnerung an die große Gefahr und die armen Mitbürger, welche durch sie ihr Leben lassen mussten, in den traditionellen „Gotts-Nam'-Prozessionen" einen großen, schrecklich aussehenden, hölzernen Drachen von einer weißgekleideten Jungfrau an einem seidenen Band führen zu lassen.

Dem Herzog, der sich auf diese Art jedes Jahr aufs Neue der Lächerlichkeit preisgegeben sah, war dies natürlich ein Dorn im Auge. Musste er doch er jetzt, wo er nicht einmal in den Genuss des gewünschten Goldes gekommen war, auch noch den Spott seiner Untertanen ertragen. Aber wie hieß es doch auch damals schon so schön: „Wer den Schaden hat…"

Und so sah der Burgherr sich trotz größter Finanznot dazu veranlasst, den Veranstaltern der Prozession einen Ablass zu zahlen, damit sie den Drachen in den Umzügen nicht mehr ganz so groß erscheinen ließen.

Dies führte schließlich dazu, dass der Herzog am Ende nicht – wie gewünscht – mehr, sondern sogar noch weniger Goldstücke in seinen Truhen hatte. Ob er dadurch aber geläutert und vielleicht sogar ein wenig sparsamer geworden war, ist in den Geschichtsbüchern leider nicht überliefert.

# Der bucklige Türmer

s war von alters her Brauch ...

... in der kleinen Stadt am Flussufer, dass der Wächter des hohen, schmalen Turmes, der die Kirche „Unserer Lieben Frau" zierte, von den vielen Speisen, welche ihm die Bewohner für seinen Unterhalt zukommen ließen, auch dem unterirdischen Volk seinen Anteil abzugeben hatte. Dafür behüteten die Kobolde die Häuser und ganz besonders die Feuerstellen und kam es wirklich einmal vor, dass irgendwo ein unbemerkter Funke übersprang, so warnten sie den Türmer umsichtig und geschwind durch lautes Poltern und Rumpeln. Der lehnte sich sogleich weit aus dem Fenster und blies mit der ganzen Kraft seiner Lungen in das Feuerhorn. Dazu schwenkte er die leuchtend rote Feuerfahne und machte so die Stadtbevölkerung auf die drohende Gefahr aufmerksam. In Windeseile waren alle Leute auf den Beinen und durch beherztes Eingreifen blieb die Stadt vor jeder größeren Katastrophe verschont.

So ging das viele Jahre und alle lebten in gutem Auskommen miteinander. Bis... ja, bis eines Tages der alte Turmwächter für immer seine Augen schloss.

Nachdem die Stadtbewohner seine sterblichen Überreste gemeinschaftlich in allen Ehren zu Grabe getragen hatten, standen sie nun vor der Aufgabe, einen geeigneten Nachfolger zu bestimmen. Da dieser jedoch unbedingt ein Junggeselle sein musste – keiner wusste mehr warum, aber die Statuten schrieben es so vor – war die Auswahl nicht groß. In der ganzen Stadt gab es zu der Zeit nämlich nur einen einzigen unverheirateten Mann und dieser war ein hinkender, buckliger, einäugiger Grieskram, dessen Herz ebenso böse und hässlich war, wie sein Äußeres. Der also stieg nun mit seinen wenigen Habseligkeiten die lange, schmale Holzstiege hinauf und ließ sich in dem kleinen Turmzimmer nieder. Und obwohl er wegen seiner Unfreundlichkeit bei niemanden beliebt war, kümmerten sich die Leute von nun an um ihn genauso fürsorglich, wie um seinen Vorgänger. Tag für Tag brachten sie ihm Brot und Steckrüben, Milch und Käse und Sonntags sogar mal ein Stück Gebratenes und einen Krug Bier. Aber während der alte Türmer sich den elbischen Wesen gegenüber immer äußerst großzügig gezeigt hatte, erwies sich der neue als ausgesprochen geizig. „Ach was", nuschelte er zwischen den Lücken seiner braunen Zahnstummeln hervor, „ich will nichts hören von Kobolden und Männlein. An die kann glauben wer will, ich nicht!" Und so blieben von Stund' an die kleinen Schälchen vor der Türe leer.

So nahm also der neue Amtsinhaber seine Arbeit auf und erfüllte sorgsam, wenn auch mürrisch, seine Pflichten. Er hielt seinem Auftrag gemäß Ausschau nach jedem Fremden, der in die Stadt kam und rief gewissenhaft die Stunde aus. Jeden Morgen aber, wenn er aus dem kleinen Turmfenster sah, fiel sein Blick auf die junge Genoveva, die täglich auf dem Weg zum Brothaus den freien Platz unter dem Turm überquerte. So boshaft der Bucklige war, dieser Anblick ließ jedes Mal sein sonst so steinhartes Herz höher schlagen. Denn all sein Sehnen galt diesem schönen, blondgelockten Mädchen. Er wusste nur zu genau, dass ihr freundlicher Gruß nicht ihm als Mann galt, sondern lediglich auf ihre Höflichkeit und gute Erziehung zurückzuführen war. Dennoch begleiteten ihn ihre strahlenden, veilchenblauen Augen und ihr roter, lächelnder Mund bis in seine dunklen Träume hinein.

Genoveva, die einzige Tochter des reichsten Tuchhändlers der ganzen Gegend, hegte in der Tat keinen Gedanken an den buckligen Türmer. Ihr Sinnen galt einzig und allein dem schönen Emilio, Sohn einer venezianischen Kaufmannsfamilie. Er war vor einigen Monaten in die Stadt gekommen, um im Auftrag seiner Familie entsprechende Geschäftsbeziehungen zu Genovevas Vater aufzubauen und führte die edelsten Seiden- und Brokatstoffe mit sich. Ein Blick in seine samtbraunen Augen hatte genügt und Genoveva wusste sofort, dass er der Richtige war. Die beiden hatten sich auf der Stelle ineinander verliebt. Vor seiner Abreise hatte Emilio offiziell bei ihrem Vater um ihre Hand angehalten, der mit diesem wohlhabenden Schwiegersohn nur zu gerne einverstanden war.

Das lange, sehnsuchtsvolle Warten Genovevas sollte bald ein Ende haben, denn schon in wenigen Tagen würde ihr Liebster wieder zurückkommen, um sie als seine Braut heimzuführen. Im Haus des Tuchhändlers herrschte große Aufregung und jeder – von der Herrschaft bis hin zu den Dienstboten – hatte alle Hände voll zu tun, um die entsprechenden Vorbereitungen zu treffen. Edelste Tücher, bestickte Wäsche und kostbare Kleider, poliertes Silber, teuerstes Porzellan und geschliffenes Kristallglas, ja sogar der wertvolle Granatschmuck, den Genovevas Mutter ihrer geliebten Tochter auf dem Sterbebett hinterlassen hatte, alles wurde behutsam in große Aussteuerkisten verpackt. Emilios Schiff würde das Brautpaar über den Inn bis zu den Alpen bringen und von dort aus sollte die Reise mit Pferd und Wagen weiter über die Berge in Genovevas künftige Heimat führen. Auch der Vater sollte mit nach Italien reisen, um beim großen Hochzeitsfest dabei zu sein. Dies würde die guten geschäftlichen Verbindungen zwischen den beiden Händlerfamilien für immer festigen.

Deshalb ging Genoveva heute auch ganz besonders stolz über den Platz. Sie fühlte die bewundernden Blicke und hörte das heimliche Tuscheln der Bürger und auch wenn sie kein Wort verstand, wusste sie doch, dass sie von allen beneidet wurde.

Und genauso war es. Die bevorstehende Hochzeit Genovevas mit dem ebenso schönen, wie reichen, italienischen Kaufmannssohn bestimmte über Wochen das Leben in der kleinen Stadt. Keiner, ob Mann oder Frau, ob jung oder alt, sprach von irgendetwas anderem.

So war es also kein Wunder, dass endlich auch der Türmer von dem großen Ereignis erfuhr. Die Nachricht traf ihn wie ein Messerstich mitten ins Herz. Ein anderer Mann sollte seine geliebte Genoveva also besitzen und er sie nie mehr wiedersehen? Das konnte und durfte nicht sein! Allein schon der Gedanke raubte ihm den Verstand. Rasend vor Eifersucht tobte er in dem kleinen Turmzimmer umher. Schließlich fasste er einen unheilvollen, bösen Plan.

Es war Abend geworden. Genoveva befand sich bei ihrer Schneiderin. Heute fand die letzte Anprobe des prächtigen Hochzeitskleides statt. Sie reckte und streckte sich vor dem halbblinden, blechernen Spiegel, drehte sich und zappelte aufgeregt umher, dass die Näherin schon fürchtete, das Mädchen mit den Nadeln zu stechen. Endlich aber war alles zur Zufriedenheit erledigt. Jede Naht war perfekt abgesteckt. In zwei Tagen würde das Kleid aus glänzendem Brokat geliefert werden, um in den ohnehin schon übervollen Aussteuerkisten noch seinen Platz zu finden.

Nachdem Genoveva der Schneiderin noch einmal all ihre Wünsche eindringlich ans Herz gelegt hatte, hüllte sie sich in ihr wollenes Tuch und huschte geschwind durch die dunklen Gassen der

Stadt nach Hause. Als sie gerade den Arkadengang mit den hohen Wölbungen verlassen wollte, um durch den Torbogen vor dem Haus ihres Vaters zu schlüpfen, hörte sie ein schabendes, schlurfendes Geräusch und ein heftiges Atmen hinter sich. Noch ehe sie sich umsehen konnte, spürte sie, wie ihr ein rauer Rupfensack über den Kopf gestülpt wurde. Grobe Arme packten sie, hoben sie hoch und schleiften sie davon. Todesangst schnürte Genoveva die Kehle zu. Kein Laut kam über ihre Lippen und ihre Glieder waren wie gelähmt. Schließlich schwanden ihr vor Entsetzen die Sinne.

Zu Hause wartete der Tuchhändler auf die Rückkehr seiner Tochter. Als es später und immer später wurde, wuchs seine Unruhe. Wo war das Mädchen nur?

Die Stunden vergingen; seine Sorge wurde immer größer. Endlich hielt er es nicht mehr länger aus und lief hinaus in die Nacht, um nach ihr zu suchen. Sein erster Weg führte ihn zum Haus der Näherin. Wild pochte er an die Türe.

„Genoveva ist schon lange weg", rief die aus dem Schlaf gerissene Frau durch das kleine Fenster, hinter dem sie gekleidet in ein langes, weißes Nachthemd, einer gerüschten Haube auf dem Kopf und einer Laterne in der Hand stand. „Sie muss schon längst daheim sein!"

Der Vater war außer sich vor Kummer. Die ganze Nacht lief er durch die Stadt, suchte in allen Gassen, in allen Winkeln. Ja, er lief sogar hinunter zum Flussufer um zu sehen, ob sie nicht ins Wasser gefallen wäre.

Aber wo immer er suchte, er fand von Genoveva keine Spur.

Als es hell wurde, hatte sich die schreckliche Kunde von Genovevas Verschwinden schon wie ein Lauffeuer in der ganzen Stadt verbreitet. Keiner konnte sich erklären, warum ein junges, glückliches Mädchen so kurz vor ihrer Hochzeit einfach davonlaufen sollte. Es musste ihr also etwas zugestoßen sein.

An diesem Tag blieben alle Arbeiten in den Geschäften und Werkstätten liegen. Alles, was Beine hatte, machte sich auf die Suche. Flößer fuhren den Fluss hinab und durchforsteten mit langen Stangen Wasser, Uferböschungen und jedes Gestrüpp. Suchtrupps schwärmten in alle Himmelsrichtungen aus und bald gab es kein Haus, keinen Keller und keinen Dachboden in dem sie nicht versucht hätten, Genoveva zu finden. Auch nach zwei weiteren Tagen des verzweifelten Suchens fand man kein Haar und keinen Knopf von ihr. Als schließlich als letztes Gebäude nur noch der Stadtturm übrig blieb, klopfte der Bürgermeister persönlich unten an die Türe und rief nach dem Türmer.

„Was gibt 's?", knurrte der Bucklige vom Fenster herab.

„Genoveva, die Tochter des Tuchhändlers ist verschwunden. Hast du sie gesehen?"

„Nein! Was kümmert mich das Frauenzimmer?"

„Ich möchte aber trotzdem, dass du von oben nach ihr Ausschau hältst!"

„Hmmh, Hmmh", brummte der Türmer und verschwand wieder nach drinnen.

Was immer das auch heißen mochte, der Bürgermeister wurde daraus nicht schlau. So wandte er sich ab und machte sich auf den Weg zu Genovevas Vater, um dem armen Mann sein Mitgefühl auszudrücken. Dem glücklichen Zufall war es zu verdanken, dass es gerade Mittagszeit war und so kam der Stadtvorsteher in den Genuss eines ausgiebigen Mahles.

Aber nicht nur der beflissene Bürgermeister war an jenem Tag Gast an der Tafel des Stoffhändlers, sondern auch Emilio aus dem fernen Venedig, dessen Schiff am frühen Morgen angelegt hatte. Seine Ankunft, die ein jubelnder Empfang hätte werden sollen, war nun zu einer unvorhersehbaren Tragödie unermesslichen Ausmaßes geworden. Nachdem ihn die traurige Botschaft ereilt hatte, war er außer sich vor Verzweiflung und Schmerz. Auch er war stundenlang durch die ganze Stadt gelaufen, hatte gerufen, gebetet, gefleht, aber ohne Erfolg. Sein Lebensglück schien ihm für immer verloren. Jetzt saß er vor einem vollen Teller an dem großen, hölzernen Tisch, dem gramgebeugten Tuchhändler gegenüber und beide konnten vor Sorge keinen Bissen zu sich nehmen.

So war die Köchin des Hauses froh, dass ihr saftiger Braten wenigstens beim Bürgermeister gebührenden Anklang fand.

Und während dieser sich nun seinen ohnehin schon recht rundlichen Bauch anfüllte, stand vor der Tür des Turmzimmers ein winziger Kobold mit runzeligem, erdfarbenen Gesicht, krummer Nase und brauner Zipfelhaube auf dem Kopf und ärgerte sich maßlos darüber, dass zum wiederholten Male die Schüsseln leer geblieben waren. „Potzblitz und Donnerwetter!", rief der Hausgeist, „das wirst du uns büßen!" Er stampfte gerade noch wütend mit seinem Beinchen auf den Boden und hob drohend die kleine Faust, in der er einen knorrigen Stock mit gekrümmten Griff hielt, als plötzlich die Türe geöffnet wurde. Blitzschnell, um ja nicht gesehen zu werden, huschte der Kleine die halbe Treppe hinab und verbarg sich dort in einer breiten Mauerritze hinter dichten Spinnweben. Gerade noch rechtzeitig, denn schon humpelte der Bucklige, schwer schnaufend und grantige Unverständlichkeiten vor sich hin murmelnd, mit einer brennenden Öllampe in der Hand, ahnungslos an ihm vorbei, die hölzerne Stiege hinab. Unten beim Verschlag, in dem das Feuerholz gesammelt wurde, bückte sich der Türmer zu einem großen, dunklen Bündel hinab. Mit einer Hand schlug er den dreckigen Rupfen zurück, hob mit der anderen die Öllampe an und leuchtete in das von staubigen Locken umrahmte Gesicht Genovevas. Das Mädchen kam gerade wieder stöhnend zu sich. Als sie die Augen aufschlug und im flackernden Lichtschein in das hässliche Gesicht des Türmers sah, sank sie vor Schreck erneut in tiefe Besinnungslosigkeit.

„Hmmh, wahrscheinlich braucht sie nur etwas zu essen und zu trinken, dann wird 's schon wieder", grummelte der Wächter, erhob sich und machte sich mit seiner Lampe wieder an den Aufstieg zu seiner Kammer, um Brot und Wein zu holen.

Er hatte gerade die halbe Treppe hinter sich gebracht, als auf einmal und völlig unversehens aus der Mauerritze heraus ein knorriger Holzstock mit gekrümmten Griff fuhr, dem Humpelnden zwischen die Beine, worauf dieser sogleich den Halt verlor. Einige Lidschläge lang wankte der Bucklige, ruderte wild mit den Armen in der Luft umher, vollführte einen bizarren Tanz, bis ihm schließlich die Öllampe aus der Hand glitt und er krachend mit dem Gesicht voraus auf die Stufe schlug. Das Öl lief aus der zerbrochenen Lampe heraus und fing sofort Feuer. Im nächsten Augenblick schon züngelten die ersten Flammen die Treppe hinab und näherten sich gefährlich schnell dem Holzverschlag, hinter dem Genoveva, eingeschnürt in den alten Rupfensack, in tiefster Ohnmacht schlummerte.

„Ihr müsst erst einmal etwas essen!", sprach zur gleichen Zeit im Haus des Tuchhändlers der Bürgermeister, während er mit vollen Backen kaute. „Alles andere wird dann schon wieder! Glaubt mir! Die Bürger haben alle Häuser und Hütten durchsucht, es steht nur noch der Turm aus. Wir werden Genoveva bestimmt bald wieder finden."

„Und warum hat noch niemand im Turm gesucht?", fragte Emilio besorgt.

„Nun", der Bürgermeister schmatze laut, beugte sich weit vor und angelte mit der Gabel einen weiteren Knödel aus der Schüssel, die in der Mitte der Tafel stand, „darum habe ich mich selbstverständlich bereits persönlich gekümmert. Ich habe dem Türmer aufgetragen, nach ihr Ausschau zu halten. Wir werden bald etwas von ihm hören. Lasst doch das gute Essen nicht verkommen. Essen und Trinken hält schließlich Leib und Seele zusammen. Wer nichts im Magen hat, der kann doch keinen klaren Gedanken fassen."

„Ich will aber nicht essen! Ich muss wissen, ob Genoveva im Turm ist!" Emilio schlug mit der Faust auf den Tisch, sprang auf und verließ eilenden Schrittes das Haus. Der Tuchhändler brauchte nur einen Augenblick um sich zu besinnen, dann rannte auch er, ohne ein weiteres Wort an den Bürgermeister zu richten, hinter Emilio her.

Von dunklen Ahnungen getrieben hasteten die beiden besorgten Männer durch die Gassen dem Wachturm entgegen. Schon beim Näherkommen sahen sie mit Entsetzen dicke, schwarze Rauchschwaden durch die alte Holztüre dringen.

Während Genovevas Vater aus Leibeskräften „zu Hilfe, Feuer, Feuer!", schrie, warf sich Emilio sogleich mit aller Kraft gegen die Türe. Das Geräusch von splitterndem Holz übertönte für einen Moment das Prasseln des Feuers. Emilio versuchte sich in dem Inferno zurechtzufinden. Er wusste nicht, ob er sich nach links oder nach rechts halten sollte. Da aber hörte er plötzlich ein Wimmern, das von heftigen Hustenanfällen durchbrochen wurde.

„Genoveva!", rief er und tastete sich vorwärts. Der Rauch brannte in seinen Lungen, seine Augen tränten. Endlich stieß er mit dem Fuß gegen etwas Weiches. Ein schmerzhaftes Stöhnen machte ihm gewahr, dass er seine Geliebte gefunden hatte. Ohne lange zu zögern bückte er sich, nahm sie auf und trug sie auf seinen starken Armen nach draußen.

Er hatte mit seiner kostbaren Last die Türschwelle gerade überschritten, als hinter ihm mit berstendem Krachen die Holzstiege in sich zusammenfiel. Gleichzeitig stürzte ein brennender Balken hinterher und begrub den buckligen Türmer unter sich. Ein markerschütternder Schrei, der über den Dächern der kleinen Stadt hallte, war das Letzte, was man von ihm hörte.

Auch die durch das Rufen des Tuchhändlers alarmierten Löschhelfer, die sich sofort mutig daran machten, das Feuer mit Hilfe von Wassereimern und Lederklatschen einzudämmen, konnten den Türmer nicht mehr retten.

Seltsamer Weise berichteten später einige der beteiligten Retter einhellig, sie hätten zu dieser Zeit im Inneren des Turmes ein helles, boshaftes Kichern vernommen.

Zunächst aber hatten sie erst einmal alle Hände voll zu tun, um das Abbrennen des Turmes und ein Übergreifen des Feuers auf andere Gebäude zu verhindern.

Emilio legte seine Geliebte in sicherer Entfernung am Brunnen nieder, beugte sich hinab und bettete ihren Kopf sanft an seiner Schulter. Als Genoveva nun wieder zu sich kam und in die warmen, dunklen Augen ihres Liebsten blickte, konnte sie ihr Glück gar nicht fassen. Endlich war dieser grauenhafte Albtraum vorbei.

Bald darauf, als der letzte Funke im Stadtturm gelöscht war, kam atemlos und mit wehenden Rockschößen der Bürgermeister angelaufen: „Hab ich 's nicht gesagt? Erst essen, alles andere fügt sich zur rechten Zeit!"

So nahm also die ganze Geschichte doch noch ein gutes Ende. Wenn auch der böse Türmer schwer für seine Schuld bezahlen musste.

Die Hochzeit Genovevas konnte wie geplant in Venedig stattfinden. Sie wurde ein rauschendes, prunkvolles Fest, von dem man in beiden Ländern noch lange Zeit sprach.

Nachdem Emilio samt Braut und Schwiegervater abgereist war, feierte man in der kleinen Stadt am Flussufer noch lange ausgelassen Genovevas Rettung und vor allem die Tatsache, dass die Bewohner allesamt vor einem großen Brand verschont geblieben waren.

Die Stiege im Wachturm wurde wieder aufgebaut und bald darauf auch ein neuer Türmer ernannt. Denn mit Emilios Mannschaft war ein junger Schiffer aus Venedig in die Stadt gekommen, dem beim Schaukeln der Wellen jedes mal so übel wurde, dass der Arme sich nichts sehnlicher wünschte, als für immer und ewig festen Boden unter den Füssen zu haben.

Mit großer Freude und Stolz übernahm er dieses Amt. Er war so glücklich mit seiner Aufgabe und erfüllte diese nicht nur zur vollsten Zufriedenheit der Stadtbewohner, sondern sorgte von nun an auch gewissenhaft dafür, dass die Schüsseln für das unterirdische Volk immer mit den besten Leckerbissen gefüllt waren.

# Der schwarze Tod in Wasserburg

ie nachfolgende Geschichte ...

... hat sich vor langer Zeit zugetragen und berichtet von einem finsteren Kapitel in der Historie Wasserburgs. Damals wurde die Stadt, wie so viele andere Orte auch, von einer schrecklichen Seuche heimgesucht: dem schwarzen Tod. Fast die Hälfte der Einwohner wurden von dieser grauenhaften Krankheit dahin gerafft und welches Mittel man auch immer ersann, um sie zu besiegen, keines zeigte den gewünschten Erfolg.

Immer wieder fanden sich die verzweifelten Bewohner der Stadt auf den Straßen zusammen, um in langen Gebetsprozessionen die Pestheiligen St. Sebastian und St. Rochus anzurufen. Bizarre Totentänze, begleitet von wilden Trommelwirbeln wurden aufgeführt, Hausräucherungen mit Essig und Schwefel vorgenommen, Kräuterfrauen verabreichten den Menschen inhaltsschwere Tränke und Ärzte, gehüllt in weite Mäntel mit angsterregenden Schnabelmasken vor den Gesichtern, öffneten mit eisernen Zangen die schmerzenden Wunden der Gepeinigten.

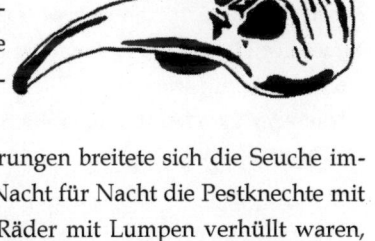

Aber trotz all dieser Vorkehrungen breitete sich die Seuche immer weiter aus. Und so fuhren Nacht für Nacht die Pestknechte mit ihren hölzernen Karren, deren Räder mit Lumpen verhüllt waren, um die Geräusche einzudämmen, von Haus zu Haus, luden die Verstorbenen auf und brachten sie vor die Stadt hinaus, wo sie in tiefen Erdlöchern verscharrt wurden. Lichterloh brannten die Feuer, in denen das gesamte Hab und Gut der armen Verblichenen vernichtet wurde. Die aufsteigenden dicken, schwarzen Rauchschwaden verdüsterten tagtäglich den Himmel.

Schließlich wurde jede Menschenansammlung verboten. Die Angst griff immer weiter um sich. Da das erste Anzeichen der Erkrankung oftmals ein plötzliches Niesen war, gewöhnten sich die Menschen damals an, „Gesundheit!" oder „Helf' dir Gott!" zu rufen, sobald von irgendwo her ein mehr oder weniger heftiges „Hatschi" erklang.

In diesen finsteren Tagen lebte ein wenig außerhalb der Stadt ein Bauer, der – wie man munkelte – ein recht gutes Verhältnis zum kleinen Volk hatte. Einen Beweis dafür konnte freilich keiner antreten, aber Verwandten und Nachbarn fiel es immer wieder auf, dass der Bauer, öfter als andere, in den Genuss von allerlei glücklichen Zufällen kam und dies – so war man sich einig – konnte nicht mit rechten Dingen zugehen.

Wann immer ein Unwetter oder eine Missernte über die Menschen hereinbrach, konnte man sich sicher sein, dass jener besagte Bauer vor allem Unheil verschont blieb. Kam dann der Winter und alle anderen mussten vor halbleeren Kellern und Scheunen darben, konnte der gute Mann immer noch mit beiden Händen aus der Fülle schöpfen.

Tatsächlich war es so, dass dieser Bauer sich vorzüglich darauf verstand, dem kleinen Volk entsprechend zu huldigen – durch kleine Gaben, wie man das eben so macht, will man sich den einen oder anderen Vorteil schaffen. Besonders zu einem Zwerg pflegte er schon seit vielen Jahren eine äußerst gute Beziehung, die auf gegenseitiger Hilfe und Zuwendung beruhte. „Schwammerl", so rief der Bauer den Zwerg, der seinen richtigen Namen natürlich keinem

Menschen verriet, denn wie jeder Mann und jede Frau damals wusste, waren die Angehörigen des Kleinen Volkes wahre Meister darin, Geheimnisse zu bewahren.

Schwammerl war nun der gute Geist in des Bauern Hof und Stall und hütete mitunter sogar dessen Ziegen auf der Weide. Der Bauer wiederum zeigte sich Schwammerl gegenüber dadurch erkenntlich, dass er ihm mit schöner Regelmäßigkeit einen guten, selbstgebrauten Biertrunk, ein gekochtes Mus oder hin und wieder sogar einen wunderbar duftenden Apfelkuchen von der Bäuerin zukommen ließ.

So lebten also Mensch und Zwerg in gutem Einvernehmen miteinander – was zu jener Zeit durchaus keine Seltenheit war. Jedoch gab es außer des wahren Zwergennamens noch ein weiteres Geheimnis, welches der Bauer dem kleinen Schwammerl nicht entlocken konnte, so sehr er sich auch bemühte. Es war ein viel Größeres, Bedeutenderes. Denn es galt damals die absolute Gewissheit darüber, dass die Zwerge eine Rezeptur besaßen, durch welche der schwarzen Tod zu besiegen war.

Während die Seuche sich nun immer weiter ausbreitete, versuchte der Bauer mit all ihm zur Verfügung stehenden Mitteln, den kleinen Schwammerl dazu zu bewegen, ihm das Geheimnis des Pesttrunkes zu verraten. Aber, was immer er auch unternahm, es brachte keinen Erfolg. Der Zwerg zeigte sich bezüglich dieser Fragen sehr hartnäckig, um nicht zu sagen, stur.

So ersann der Bauer schließlich eines Tages eine List. Er wusste nur zu genau, dass Schwammerl unter ständigem großen Durst litt und ein fast unstillbares Verlangen nach Hochprozentigem hatte.

Draußen am Rand seines Feldes, da gab es einen großen Stein, in dessen Mitte sich eine Vertiefung befand, die etwa so breit wie ein Finger war. In diese füllte der Bauer nun ein wenig von seinem Selbstgebrannten und dann legte er sich – verborgen hinter einer dichten Hecke – auf die Lauer. Lange musste er nicht warten, denn bald schon hörte er ein Rascheln, ein Murmeln und Grummeln und wie er nun die Zweige vor seinem Gesicht ein wenig auseinander bog, sah er vor sich Schwammerl, der sich gerade – magisch angezogen vom Duft des Kräuterschnapses – über den Stein beugte und begann, gierig die kostbare Flüssigkeit aus dem Loch herauszusaugen. Er zuzelte und schmatzte dabei, dass es nur so eine Freude war, ihm zuzuhören. Als er nun endlich den letzten Tropfen aufgenommen hatte, richtete er sich auf. Das heißt, eigentlich versuchte er sich aufzurichten. Aber es gelang ihm gerade noch ein wenig wackelig seinen Kopf mit der braunen Zipfelmütze zu heben. Als er sich mit beiden Händen auf dem Stein hoch stemmen wollte, rutschte er ab, schnappte noch einmal hörbar nach Luft und fiel dann mit dem Gesicht voraus auf die Wiese.

Blitzschnell verließ der Bauer sein Versteck und kniete besorgt neben dem besinnungslosen Zwerg nieder. Ein für diese winzige Gestalt ungeheuer lautes Schnarchen bewies ihm jedoch, dass Schwammerl nichts anderes, als sturzbetrunken war. Er bettete ihn also im weichen Gras und wartete geduldig darauf, dass er wieder halbwegs zu sich kam.

Nach einer kleinen Weile begann der Zwerg nun auch schon zu stöhnen und ein wenig mit seinen krummen Beinchen zu zappeln. Das war der Moment, auf den der Bauer gewartet hatte. Er neigte seinen Kopf zu Schwammerls Mund hinab und sprach: „Sag mir das Geheimnis gegen den schwarzen Tod! Was muss man tun, um gesund zu bleiben?"

Der noch halb bewusstlose Zwerg brummelte ein wenig, dann kam – kaum hörbar – ein lallender Laut über seine Lippen: „Eehe... eehe... Eberwurz und Bib... äh... Bibernell... hicks... und... äh..." Dann fiel sein Kopf nach hinten. Er grunzte und gleich darauf lag er wieder in tiefstem Schlummer.

So sehr der Bauer sich auch bemühte, ihn wieder wach zu bekommen – er zog und zupfte, er schüttelte und rüttelte – Schwammerl machte weder ein Auge auf, noch gab er einen Ton von sich.

„Mist!", fluchte der Bauer, während er sich erhob und zurück zu seinem Hof ging, „so ein Mist! Das war wohl doch ein wenig zu viel des Guten. Eberwurz und Bibernell, schön und gut! Aber was denn noch?"

Wenige Tage später versuchte der Bauer erneut sein Glück. Dieses Mal füllte er den Schnaps etwas sparsamer in die Vertiefung, ehe er sich wieder auf die Lauer legte.

Lange wurde seine Geduld auch jetzt nicht auf die Probe gestellt. Denn kaum hatte der Bauer sich ins Gebüsch geduckt, war der Zwerg schon wieder am Trinken. Genau, wie beim erstem Mal, schlürfte er voller Gier das kostbare Nass aus dem Stein, richtete sich wankend auf, schnappte noch einmal nach Luft und sank, steif wie ein Brett, auf die Erde.

Nun kam auch schon der Bauer angelaufen. „Komm, jetzt sag' schon! Wie ist das Rezept gegen den Schwarzen Tod? Eberwurz, Bibernell und was noch?"

„Mmmh... Ebernell... Biberwurz", stammelte der Zwerg, „und ein Feen... chrrr... chrrr..." Schwammerls Kopf sank in den Nacken, als er laut schnarchend wieder das Bewusstsein verlor.

„Jetzt komm schon, sag! Ein Feen... was... ?" Der Bauer schüttelte den Zwerg ungeduldig und vielleicht auch etwas grob bis endlich ein undeutliches „Feenkuss..." über dessen Lippen kam. Gleich darauf aber fiel mit einem lauten „Hicks" sein Kopf wieder zurück ins Gras.

„Feenkuss? Welche Pflanze ist denn ein Feenkuss? Davon hab ich ja noch nie was gehört! Wo soll denn die wachsen? Jetzt wach schon auf und sag 's mir!"

Aber auch an diesem Tag wurde die Neugierde des Bauern nicht völlig befriedigt. Schwammerl rollte sich zusammen und war durch nichts mehr zu wecken.

Als der Bauer am nächsten Morgen wieder zu der Stelle kam, war von dem Zwerg nichts mehr zu sehen. Er wartete Stunde um Stunde, aber umsonst. Auch am nächsten und am übernächsten Tag hatte er kein Glück. Trotzdem der Bauer seine besten Tropfen in den Stein füllte, war und blieb Schwammerl verschwunden. Sollte er ihn vielleicht durch seine Neugierde für immer vertrieben haben?

Es war nicht nur das schlechte Gewissen, dass den Bauern nun Tag für Tag zu dieser Stelle trieb. Nein, es war auch das unstillbare

Verlangen danach, ein Rezept gegen die Pest zu erhalten, welches ihn, seine Familie und Nachbarn vor dem sicheren Tod retten sollte.

Wenn Schwammerl sich nun nie mehr zeigte, was sollte er tun? Wie sollte er an diese geheimnisvolle Pflanze namens Feenkuss gelangen?

Von morgens bis abends beschäftigte den Bauern nur noch dieser eine Gedanke und sogar nachts fand er keine Ruhe und wälzte sich schlaflos auf seinem Lager.

Während dessen trieb der schwarze Tod weiterhin sein Unwesen in der Stadt. Es war eine Frage der Zeit, bis die Seuche auch die Dorfleute eingeholt hatte. Der Bauer durfte keine Zeit mehr verlieren.

So schnürte er eines Morgens ein kleines Bündel und machte sich, ohne von seiner Frau Abschied zu nehmen, auf die Reise.

„Wer darauf wartet, dass das Glück ihn findet, wird lange warten. Der Mutige macht sich auf den Weg, um es zu suchen!", so sagte er sich, während er im Licht der ersten Sonnenstrahlen seine Wanderung begann.

Er wusste zwar nicht wirklich, wo er hingehen sollte, aber untätig zu Hause zu sitzen, hielt er einfach nicht mehr länger aus. Und so wanderte er den ganzen Tag immer der Sonne nach, bis sie schließlich im Westen versank.

Unter einem großen Eichenbaum richtete er sich sein Lager und nachdem er sich hungrig über die mitgebrachten Speisen gemacht hatte, legte er sich nieder und war bald darauf tief und fest eingeschlafen.

Irgendwann – es war schon finsterste Nacht und er wusste gar nicht, wie lange er schon geschlafen hatte – schreckte er plötzlich hoch. Was war das? Ach, ja, er lag ja immer noch unter der alten Eiche. Es war still im Wald, kein Lüftchen regte sich, kein Rascheln im Laub der Bäume; nur von irgend woher rief ein Käuzchen.

Der Bauer richtete sich auf und sah sich um. Irgendetwas erschien ihm merkwürdig, ja fast unheimlich. Im kalten, weißen Mondlicht zeichneten sich schemenhaft die Bäume ab, die um eine kleine, fast kreisrunde Lichtung wuchsen. Diese Lichtung schien seltsam zu leuchten. Es flirrte und waberte, das konnte nicht vom Mond kommen. Was war das nur?

Nun schien es ihm sogar, als höre er eine seltsame, sanfte Musik. Wunderschön, wie Harfenseiten und Glockenspiel und dazwischen ein zartes Kichern und Lachen, wie von tausend Stimmchen.

Und jetzt glaubte der gute Mann tatsächlich zu träumen. Mitten auf dieser Lichtung erblickte er plötzlich einen Reigen elfengleicher Wesen. Zierlich gewachsene, kleine Männlein und Weiblein, die sich an den Händen hielten und zu dieser Musik, die von den Engeln selbst zu stammen schien, wiegten und drehten, wie Puppen auf einer Spieluhr.

Wie unter einem magischen Bann erhob sich der Bauer und ging auf den Elfenreigen zu. Der Kreis öffnete sich und mit einem Mal war er auch schon mittendrin, bewegte sich zur zauberischen Musik und tanzte mit einer Anmut, die weder er sich selbst noch irgendjemand sonst, der ihn kannte, ihm jemals zugetraut hätte.

Plötzlich verstummte die Musik, die Tänzer hielten inne, als ob sie auf etwas warten würden. Und tatsächlich: Es näherte sich ein Zug von kleinen Männern, gekleidet in schmucke Uniformen mit goldenen Litzen daran. Hinter ihnen gingen winzige Marketenderinnen mit rauschenden, bunten Röcken und in Mitten dieses Zuges fuhr eine Kutsche, die aussah, als wäre sie aus einem riesigen Radi geschnitzt. Sie war aber aus purem Gold und wurde gezogen von acht gewaltigen Kröten mit goldglänzenden Augen.

Als die Kutsche nun vorgefahren war, sprang ein kleiner livrierter Diener hinten vom Anstieg herab, öffnete die Türe und hob eine zierliche goldene Treppe heraus. Über diese Treppe stieg nun ein Wesen von solcher Schönheit, dass dem Bauern vor Staunen der Mund offen stehen blieb. Es trug ein Kleid aus schimmernder, himmelblauer Seide. Die hohe Stirn zierte ein Band mit einer silbernen Mondsichel daran und aus dem Gesicht heraus strahlten ein paar Augen so tief und blau, wie Bergseen an einem Sommertag.

Das gesamte kleine Volk verneigte sich tief vor Ehrfurcht und da wusste der Bauer, dass es sich hier um niemand anderen, als um die Feenkönigin handeln konnte. So neigte auch er sein Haupt so weit, dass seine Stirn fast den Boden berührte. Als er wieder aufsah, stand die Feenkönigin vor ihm, lächelte ihn sanft an und sprach: „Welche Ehre, wir haben Besuch! Darf ich denn um diesen Tanz bitten?"

Und dann legte sie ihre kleine, zarte Hand in die grobe Pranke des Bauern. Die Feenkönigin deutete einen kleinen Knicks an und wieder begann diese wundersame Musik zu spielen. Die beiden fingen an sich zu drehen und zu wiegen. Ja, es schien fast so, als würden sie über die mondbeschienene Wiese schweben. Dieser Tanz war das Schönste, was der Bauer jemals erlebt hatte. Er fühlte sich so leicht, so unbeschwert und er wünschte sich, dieser Augenblick würde niemals zu Ende gehen.

Aber ganz plötzlich, und für den guten Mann viel zu schnell, verklang der letzte Ton. Die Feenkönigin blieb stehen, neigte ein wenig den Kopf und hielt ihm, ohne, dass er hätte sagen können, woher sie es genommen hatte, eine Bibernelle und eine glänzende Distel entgegen.

Als der Bauer sich hinab beugte, um sie in Empfang zu nehmen, spitzte die Feenkönigin ihre Lippen und küsste dann unendlich sanft die runzelige Wange des Mannes. Sein letzter Gedanke war noch: „Ach, das war mit Feenkuss gemeint!" Und schon begann sich die ganze Welt um ihn herum zu drehen. Ihm schwindelte so sehr, dass er ganz schnell die Augen schließen musste. Dann schien es ihm, als würde er in einem sich immer schneller drehenden Wirbel versinken.

Es war heller Morgen, als der Bauer wieder erwachte. Er lag wieder unter dem Eichenbaum, an dem er sich am Vortag zur Ruhe gelegt hatte. Konnte es sein, dass er alles nur geträumt hatte? Nachdem er sich aufgerichtet hatte, sah er jedoch neben sich die Bibernelle und den Eberwurz liegen. Er nahm beides in die Hand, erhob sich und machte sich, so schnell er konnte, wieder auf den Weg zurück nach Hause.

Je näher er aber seinem Anwesen kam, um so merkwürdiger erschien ihm die ganze Sache. Ja gewiss, es waren die Höfe seiner Nachbarn, die er sein ganzes Leben lang gekannt hatte; aber irgendwie schien doch alles verändert. Die Menschen, die auf den Feldern arbeiteten, an denen er vorüberging, hatte er noch nie gesehen und auch er wurde gemustert wie ein Fremder.

Schließlich gelangte er zu seinem eigenen Hof. Aber was war das? Dort schien alles unbewohnt, heruntergekommen, verlassen. Was war geschehen? Er war doch nur eine Nacht lang weg gewesen.

Der Bauer wanderte verwundert zu seinem Nachbar hinüber. Aber dort in der Stube traf er nur einen alten Mann.

„Wer bist du?", fragte er erstaunt.

„Ich bin der Franz, der alte Bauer."

„Aber der Franz, das ist doch der Sohn von meinem Nachbarn dem Sepp."

„Der Sepp, ja, das war mein Vater. Aber der ist seit fast 40 Jahren tot."

„Ja, das kann doch gar nicht sein. Der Sepp und ich, wir sind doch gleich alt."

„Wieso, wer bist denn du?", fragte ihn jetzt der Alte.

„Ich bin der Bauer vom Nachbarhof drüben. Ich hab ein Heilmittel, gegen die Pest."

„Die Pest?" Der Alte lachte. „Ja die gibt 's doch seit Jahrzehnten nimmer. Und was den Nachbarn betrifft: der hat sich vor über 50 Jahren bei Nacht und Nebel aus dem Staub gemacht. Hat seine Frau und seine Kinder im Stich gelassen, die haben den Hof nicht mehr bewirtschaften können und sind in die Stadt gezogen. Da drüben lebt schon lang keiner mehr."

Ja, das war die Geschichte des Bauern, der ein Heilmittel gegen die Pest finden wollte. Ihm mag es ja vielleicht auch geholfen haben.

Denn an der Pest ist er nicht gestorben. Aber glücklich geworden ist er auch nicht mehr.

Einige Zeit lebte er noch alleine auf seinem heruntergekommenen Hof. Im Wirtshaus hat er Geschichten erzählt von Zwergen und Feenköniginnen. Geglaubt hat ihm keiner. Aber weil er halt gar so schön erzählt hat, da hat man ihm hin und wieder den einen oder anderen Schnaps spendiert und das war wohl der einzige Trost, den er auf seine alten Tage noch hatte.

Irgendwann, da war er dann einfach verschwunden – keiner konnte sagen wohin. Aber, wenn ihr mich fragt, ich würde ihm wünschen, dass er wieder zurück zum kleinen Volk gefunden hat und, dass er noch heute mit der schönen Feenkönigin nachts über mondbeschienene Wiese tanzt.

# Das Fuxerl

or langer Zeit, ...

… es mag wohl so vierhundert Jahre her sein, lebte hier in der Gegend zwischen Wasserburg und Haag eine junge Frau. Ihr Mann, der schon früh verstorben war, hatte ihr nicht viel hinterlassen und so lebte sie allein in einer kleinen Hütte am Waldrand. Sie war eine fesche Frau, mit langen dunkelblonden Haaren, die ihr manchmal wie ein samtener Vorhang aus der weichen Stoffkapuze fielen, die sie, wenn sie zum Markt in die Stadt kam, tief ins Gesicht gezogen hatte. Und immer dann, wenn die Sonne auf diesen Haarschleier fiel, bekam er ein rotes, kupfernes Leuchten, dass er fast so aussah wie das Fell eines Fuchses. Das war auch der Grund, warum die Leute – na ja, was heißt hier „Leute", kann sich ja eh jeder denken, dass es die Männer waren – sie hinter ihrem Rücken „das Fuxerl" nannten. Ja die Männer mit ihrer Phantasie, die manchmal, angestachelt durch die eine oder andere Maß Bier, nahezu ins Grenzenlose wuchs, gaben dann halt an damit, was sie schon alles mit dem Fuxerl erlebt hätten. Es war damals genauso, wie es halt heute auch noch ist: Da gewann immer wieder einmal der Traum die Oberhand über die Wirklichkeit, das kennt man ja…

Es gab bestimmt so einige ledige, junge Männer, die sich diese schöne Witwe gern als Eheweib ins Haus geholt hätten. Ihr aber stand der Sinn nicht mehr nach dem Eheleben und nach etwas anderem erst recht nicht. Sie war es gewohnt, für sich alleine zu sein und ihr Herz gehörte ohnehin immer noch dem Mann, der schon lang im Jenseits weilte.

Freilich war es in der damaligen Zeit den Leuten nicht geheuer, wenn eine junge Frau ihr Leben selbst bestimmte und es gab ja schließlich immer irgend etwas, was man einem anderen nachsagen konnte, wenn man nur lange genug danach suchte. Da waren die Zeiten und Leute früher nicht anders, als heute.

Aber die junge Frau kümmerte sich nicht um das Gerede, blieb still, freundlich und hilfsbereit, obwohl sie wusste, ja wissen musste, dass die Zeiten gefährlich und manche Menschen ihr – gerade wegen ihrer zurückhaltenden, stolzen Art – gar nicht wohlgesonnen waren.

Zudem war sie eine, die sich mit gefährlichen Dingen beschäftigte. Schon als kleines Mädchen hatte sie von ihrer Großmutter allerlei Sachen gelernt, bei denen größte Vorsicht geboten war. An so manchen Tagen, wenn der Mond im besonderen Zeichen stand, hatte die Alte sie mitgenommen, ist mit ihr im aufsteigenden Morgennebel am Innufer entlang gewandert und hat ihr alle Namen und Wirkungen sämtlicher dort wachsenden Kräuter beigebracht. Schon als junge Frau wusste sie Tinkturen, Elixiere und Salben zu mischen. Es gab keine Krankheit gegen die sie kein Kraut kannte. Sie las im Lauf der Gestirne und wusste genau zu sagen, wann welches Mittel seine beste Heilkraft zeigte. Mit hochgiftigen Gewächsen, die für andere den sicheren Tod bedeutet hätten, brachte sie Genesung von schweren Krankheiten und rettete damit Mensch und Tier vor dem sicheren Untergang.

So wurde sie immer wieder aufgesucht oder gerufen, wenn jemand krank war oder sich bei der Arbeit verletzt hatte. Sie richtete gebrochene Knochen ein und linderte Fieberträume mit ihren Tees und Kräuterwickel.

Die jungen Mädchen und Burschen der ganzen Gegend kamen zu ihr, um sich einen Liebestrank mischen zu lassen oder die Ehefrauen, um ihre abtrünnigen Männer wieder zurück auf den ehelichen Pfad der Tugend zu führen. Die ließen sich dann vom „Fuxerl" ein entsprechendes Zaubertrankerl geben. Ein paar Tropfen davon, einige Tage lang bei abnehmenden Mond in die Morgensuppe und Köpfe und Herzen der Männer waren wieder da, wo sie hingehörten.

Ach, wäre nur damals auch die Huberbäuerin zu der jungen Frau gekommen, um sich ein solches Elixier mischen zu lassen. Wie viel Leid wäre dadurch vermieden worden. Ja, aber die Dinge gehen ihren eigenen Gang und hinterher ist man halt immer klüger.

Der Huberbauer, das war damals der reichste Bauer in der ganzen Gegend. Ihm gehörten unzählige Felder, Wiesen und Wälder. Sein Reichtum war unermesslich und so war es kein Wunder, dass der Bauer auch ein recht stolzer und herrschsüchtiger Mann war. Ja, er war einer, dem man nicht widersprach; er nahm sich das was er wollte und niemand begehrte dagegen auf, wie es eben in der damaligen Zeit so üblich war. Und auch er hatte, wie so viele, eine Auge auf das Fuxerl geworfen. Sie wusste das natürlich, weshalb sie ihm auch, so gut es möglich war, aus dem Weg ging. Wenn ihre Wege sich dennoch einmal kreuzten, senkte sie den Blick, zog ihre Kapuze noch tiefer über die Augen und ging rasch, einen kurzen Gruß murmelnd, vorüber.

Eines Tages aber, da klopfte es plötzlich an die Tür ihrer kleinen Hütte und draußen stand niemand anderer, als der Huberbauer. Er hätte da ein Problem, meinte er, einen Ausschlag, der fürchterlich jucke, er könne schon keine Nacht mehr schlafen, so sagte er, während er seinen schweren, massigen Körper an der Frau vorbei in die Stube schob.

Die junge Witwe nahm den entblößten Arm, den er ihr entgegen hielt und schaute ihn sich im Schein der kleinen Öllampe genauer an. Es war tatsächlich irgendein ekliger, schorfiger Grind, der sich nicht nur über den Arm, sondern über den gesamten Oberkörper des Bauern ausgebreitet hatte. Und während sie ihn so untersuchte, da drängte der Bauer sich immer näher an sie heran.

„Na", meinte er, „gefall' ich dir denn gar nicht? Was meinst denn, das wär' doch was mit uns beiden? Dein Schaden soll 's nicht sein!"

„Ach geh, Huberbauer", meinte sie und schob ihn mit der Hand kräftig von sich weg, „lass mir meine Ruhe! Da müsstest dich vorher schon erst mal tüchtig waschen, dann wärst auch deinen Ausschlag gleich wieder los. Wenn es deiner Frau nicht graust, mir schon!" Und dann warf sie den Kopf in den Nacken und lachte schallend.

Oh weh! Wie sich da das Gesicht des Huberbauern plötzlich dunkelrot färbte. Er packte seinen Mantel und dann stürzte er – im Vorbeigehen noch mit dem Fuß einen Hocker umstoßend, der krachend zu Boden fiel – bei der Tür hinaus.

„Das wirst mir noch büßen! Na warte! So redet keine mit mir und du schon gar nicht!", rief er noch, ehe er verschwand.

Ja, was soll ich euch sagen: Es vergingen keine vierzehn Tage, da hörte man plötzlich überall in der Stadt und auf dem Land die seltsamsten Geschichten über das Fuxerl. Die einen erzählten, sie hätten gesehen, wie sie eine Kröte besprochen hat, andere gaben ihr die Schuld daran, dass die Bäckersfrau ein krankes Kind zur Welt gebracht hatte. Wieder andere berichteten, sie hätten sie, seltsame unverständliche Worte murmelnd, im Vollmondlicht wandeln sehen, einen schwarzen Raben auf der Schulter und eine Schlange um den splitternackten, weißen Leib gewickelt. Aber die schlimmste Geschichte von allen erzählte der Huberbauer selbst. Er schwor Mark und Bein darauf, dass er es mit eigenen Augen gesehen hätte, dass das Fuxerl eine Hexe sei. Sie würde dem Teufel huldigen, für ihn Tiergestalt annehmen und nachts die Euter der Kühe auf den Weiden aussaugen.

Ja, sagte er, er selbst hätte sich eines Nachts auf die Lauer gelegt mit einer Sense, weil ihm jeden Morgen aufgefallen wäre, dass seine Kühe verkratzte Euter hätten.

Wie er da so gewartet habe, so erzählte er, sei erst lange Zeit überhaupt nichts passiert. Aber plötzlich, gerade, als der Morgenstern verblasste und die schmale Sichel des Mondes immer bleicher und bleicher wurde, hätte sich ein rotschimmernder Fuchs herangeschlichen. Er blieb nur ein kleines Stück vor dem Versteck des Bauern stehen und reckte schnuppernd seine Nase in den Wind. Zum Glück sei er entgegen der Windrichtung gesessen, so dass der Fuchs kein Arg schöpfte. So lief das Tier unbesorgt weiter, direkt zwischen die auf der Weide ruhenden Kühe hinein. Der Bauer dachte sich zunächst noch gar nichts dabei. Bis der Fuchs auf einmal unter einer

Kuh stehen blieb, sich aufrichtete, dabei gewaltige, weiß blitzende, messerscharfe Zähne entblößte und sich dann gierig nach dem Euter streckte.

Wie der Blitz wäre er, der Huberbauer, aus seinem Versteck gefahren und hätte mit der Sense nach dem Fuchs geschlagen. Der jedoch setzte augenblicklich zur Flucht an, welche ihm auch gelang, jedoch büßte er einen kleinen Teil der vorderen rechten Pfote bei dem Sensenschlag ein. Als der Bauer schließlich der Blutspur folgte, die der Fuchs hinterließ, führte diese ihn tatsächlich auf dem direkten Weg zur Hütte der jungen Kräuterfrau.

Ja, diese grausame Geschichte an den richtigen Stellen vorgebracht, hatte natürlich zur Folge, dass das Fuxerl noch am selben Tag von den Gerichtsschergen abgeführt und in den Gefängnisturm geworfen wurde. Ein böser Zufall wollte es, dass sie sich selbst, wie sie sagte, genau an diesem Morgen beim Kräuterschneiden an der rechten Hand verletzt hatte. So gab es wenig, was die arme Frau zu ihrer Verteidigung noch sagen konnte. Nach einem langen, qualvollen Verhör wurde sie schließlich auf einem Schandwagen den langen Weg hinauf zum Gericht nach München gefahren. Das lange, rot schimmernde Haar hat man ihr bis auf wenige Federn abgeschoren. Es war ein wirklich bedauernswerter Anblick, als man sie zu ihrer Hinrichtungsstätte brachte.

Nicht lange danach brannte schon ihr Scheiterhaufen und so setzte die Inquisition, wieder einmal mehr, einem unschuldigen Leben ein grausames Ende. Aber noch während die ersten Holzscheite unter ihren Füssen Feuer fingen, hob das Fuxerl den Blick zum Himmel hinauf und verfluchte mit ihren letzten Worten den Huberbauern.

Und seltsamerweise haben haben sich bei dem bald danach recht merkwürdige Dinge zugetragen.

Es war gerade so, als hätte ihn von einem Tag auf den anderen sein Glück verlassen. Wenige Monate nach dem Tod des Fuxerls, packte seine Frau bei Nacht und Nebel ihr Bündel und verließ ihn mit Kind und Kegel. Kurze Zeit später verlor er bei einem Holzunfall sein rechtes Bein. Jahr um Jahr verhagelte es ihm von nun an im Sommer die gesamte Ernte. Das ging so lange, bis er schließlich alles verloren hatte und als armer, kranker, gebrochener Mann im Armenhaus landete.

Jedes Mal aber, wenn sich ein neuer Schicksalsschlag im Leben des Huberbauern ankündigte, da kam in der ersten Morgendämmerung ein rot schimmernder Fuchs angeschlichen, setzte sich vor der Haustüre nieder, reckte seine Nase schnüffelnd in die Luft und hob dann, fast drohend, eine verstümmelte, rechte Vorderpfote in die Höhe, ehe er sich wieder umwandte und im Dickicht des Waldes verschwand.

# Die Hexen
# auf der Wasserburg

**B**ereits zur Zeit ihrer Erbauung ...

... hatten die Hexen der gesamten Umgebung die Wasserburg als ihren Treffplatz auserkoren. Über Jahrhunderte hinweg flogen sie jeden Samstagabend von allen Richtungen her kommend, dichtgedrängt auf ihren Reisigbesen über den von der untergehenden Sonne blutrot gefärbten Himmel auf die erhabene Burg hinauf, um dort ihren teuflischen Sabbat und ihre nächtlichen Orgien zu feiern. Dabei johlten und jaulten, kicherten und lachten, fauchten und zischten, klapperten und trommelten sie, dass die Bewohner der Stadt sich jedes Mal verängstigt und gequält die Ohren mit Talg verstopfen mussten, um überhaupt ein wenig Nachtruhe zu finden. Es war schlimm genug, dass die unbescholtenen Bürger in jenen Nächten um ihren Schlaf gebracht wurden. Viel schlimmer aber war noch, dass es den gottlosen Teufelsanbeterinnen immer wieder gelang, unschuldige junge Mädchen oder unbescholtene Ehefrauen dazu zu verführen, sich an ihren sündigen Ausschweifungen zu beteiligen. Viele tapferen Männer hatten schon versucht, diesem Treiben ein Ende zu setzen, wer sich den Hexen jedoch in den Weg stellte, wurde gnadenlos mit Krankheit und Unheil bestraft.

Und so fügten die Bewohner von Burg und Stadt sich – wenn auch unwillig, so doch machtlos – in ihr Schicksal.

Das ging so lange, bis eines Tages ein neuer Pfarrer nach Wasserburg kam, dem der Ruf voraus eilte, dass die Kraft seiner Gebete mehr vermochte, als die vieler anderer. Er, ein Gottesmann, welcher die Lehren seines Glaubens besonders streng und unnachgiebig vertrat, sollte schon viele Gegenden von den Einflüssen der finsteren Mächte befreit haben. So trat er also den Dienst in der kleinen Stadt an, fest davon überzeugt, dem heidnischen Treiben der Hexen auf der Wasserburg bald Einhalt gebieten zu können.

Gleich nachdem er das kleine Pfarrhaus neben der Jakobskirche bezogen hatte, machte er sich daran, jeden Abend voller Inbrunst und mit lauter, tiefer Stimme aus dem Fenster heraus, das zur Festung hinauf wies, seine Gebete zu sprechen. An der Wand neben dem Fenster, gleich über dem Kopfteil seines Bettes, befand sich ein kleines, steinernes Becken, angefüllt mit Weihwasser. In dieses tauchte er immer wieder – ohne seine Litanei zu unterbrechen – seine knochigen, schon etwas gichtgekrümmten Finger und sprengte einige Tropfen der Flüssigkeit in Richtung Burg hinauf.

Und tatsächlich: Das, was niemand für möglich gehalten hatte, gelang ihm. Binnen weniger Monate waren die Hexen verschwunden und wagten es nicht mehr zurückzukommen.

Die Bewohner von Wasserburg, allen voran der Burgherr, waren dem Pfarrer hierfür außerordentlich dankbar. Sie verehrten ihren Kirchenvertreter aber nicht nur, weil er sie von den bösen Mächten befreit hatte, sondern auch, weil er sich den Armen gegenüber besonders freigiebig zeigte. Er begnügte sich selbst mit dem Nötigsten und gab, als leuchtendes Vorbild christlicher Nächstenliebe, mit offenen Händen überall dort, wo er Dürftigkeit und Mangel sah.

Jeden Sonntag, nachdem er seine Messe gehalten hatte, stand er umringt von der Bevölkerung auf dem Kirchplatz. Eltern wiesen ihre Kinder an, die Hand des Pfarrers zu küssen, Frauen knicksten artig und senkten scheu den Blick und Männer lüfteten ehrfurchtsvoll ihre Hüte, wenn sie vorübergingen.

Dieses respektvolle Verhalten gefiel dem Pfarrer außerordentlich gut und so führte er in der kleinen Stadt am Inn ein Leben, welches ihm wie ein selbstgeschaffenes Paradies vorkam.

Aber, wie so oft im Leben, sind es gerade die Beflissenen, die Aufrechten, die in der völligen Überzeugung ihrer eigenen Rechtschaffenheit, dem Bösen Tür und Tor öffnen, ohne es selbst zu merken. Und so hatte der Teufel schon längst seine Krallenhände nach dem braven Gottesmann ausgestreckt, lange bevor dieser auch nur den kleinsten Funken eines Verdachtes schöpfen konnte.

Ein tragisches Schicksal wollte es, dass des Pfarrers einziger Bruder zusammen mit seiner Frau bei einem schrecklichen Unglück ihr Leben lassen musste und ihre Tochter Agnes dadurch über Nacht zur Waise wurde. Der Pfarrer sah es als seine selbstverständliche Christenpflicht an, das junge Mädchen in seinem Hause aufzunehmen. Darüber hinaus, so dachte er sich, war dies wohl auch ein Geschenk des Himmels, denn nun hatte auch er jemand, der ihm in seinen alten Tagen Hilfe, Trost und Stütze sein würde.

Bald darauf also stand seine Nichte mit ihren wenigen Habseligkeiten vor der Tür des kleinen Pfarrhauses und fand dort ein neues Heim.

Das Mädchen übernahm brav und widerspruchslos seine Pflichten im Haushalt, ging der Köchin zur Hand, las allabendlich, wie es sich gehörte, mit dem Onkel zusammen in der Bibel und ließ sich in allen Tugenden unterweisen, die ihm für ein gottesfürchtiges Leben notwendig erschienen.

Jedoch wäre Agnes kein Mädchen gewesen, hätte sie nicht auch – wie alle anderen in ihrem Alter – ein großes Vergnügen daran gefunden, schöne Gewänder zu tragen, sich zu schmücken und die Locken zu drehen.

Diese Neigung zu „Eitelkeit und Putzsucht", wie er es nannte, sah der Onkel mit größtem Unwillen. Seiner Meinung nach hatte eine junge Frau ein sittsames Leben zu führen und dies ließ es nun einmal nicht zu, sich bunte Bänder ins Haar zu flechten und kokette Blicke nach jungen Männern auszuschicken. So kam es, dass die Auseinandersetzungen im Hause des Pfarrers bald kein Ende mehr fanden. Abend für Abend hielt er seiner Nichte predigtartige Vorträge darüber, wie sie sich seiner Vorstellung nach zu verhalten hatte. Der Widerstand des Mädchens aber schien dadurch nur noch größer zu werden. Was war denn schon dabei, wenn das Leben auch ein wenig Freude bot?

Eines Tages – es war der Vorabend des Maifestes – saß die junge Pfarrersnichte vor der Haustüre und stützte zerknirscht ihr Gesicht auf die Hände. Wieder einmal hatte der Onkel, ehe er zur Kirche gegangen war, dem Mädchen einen langen Vortrag über christliche Tugenden und sündhafte Begierden gehalten.

Auf dem Rathausplatz rund um den Marienbrunnen hatten die Burschen der Stadt einen Tanzboden errichtet, an dem sich morgen Jung und Alt treffen würde, um ausgelassen miteinander zu feiern. Alle Bürgerstöchter hatten eigens für diesen Anlass neue Kleider bekommen oder zumindest die bereits vorhandenen mit neuen Bändern und Bordüren aufgeputzt und geschmückt. Musikanten zogen in die Stadt. Ein Ochsenbraten wurde auf dem Spieß angerichtet und Bierfässer angerollt. Überall herrschte großer Trubel. Jede Frau und jeder Mann war von fiebriger Aufregung und Vorfreude ergriffen. Nur die arme Agnes hatte für den morgigen Tag keine andere Aufgabe, als die, noch mehr Brote als sonst für die Bedürftigen zu backen, damit der Onkel sie nach der Predigt auf dem Kirchplatz verteilen konnte. Und gleich danach – so hatte er schon angekündigt – würde er sich in sein Pfarrhaus zurückziehen. Zweifellos erwartete er von seiner Nichte, dass sie sich ebenfalls nicht unters gemeine Volk mischte und der unsinnigen Festlaune hingab.

Während die arme Agnes nun so saß und den Tränen nahe über ihr trauriges Schicksal sinnierte, näherte sich von der Färbergasse her kommend ein altes Weib. Sie ging krumm gebeugt unter der Last eines gewaltigen Buckels, der zwischen ihren Schultern thronte, wie ein Berg. Mit der einen Hand stützte sie sich auf einen knorrigen Eichenstock, in der anderen trug sie einen Weidenkorb, dessen Inhalt mit einem Leinentuch bedeckt war. Die Alte kam geradewegs auf das Mädchen zu und blieb vor ihm stehen. Nachdem sich der keuchende, rasselnde Atem der Alten etwas beruhigt hatte, öffnete sie ihren zahnlosen Mund und sprach mit knarzender Stimme: „Na, mein Kind, möchtest du mir nicht ein paar Äpfel abkaufen? Schöne, rotbackige Äpfel?"

„Nein, will ich nicht!", entgegnete Agnes übellaunig.

„Dann schenk' einer armen, alten Frau wenigstens ein paar Heller! Du hast doch ein Herz für die Armen oder nicht?"

Agnes hatte so genug von all den Tugenden wie Mitgefühl und Barmherzigkeit, über die der Onkel ihr allabendlich seine Predigten hielt, dass sie die Alte am Liebsten zum Teufel geschickt hätte. Aber sie schluckte ihre barsche Antwort hinunter und begnügte sich damit, das Weib aus zornfunkelnden Augen wütend anzublitzen.

„Nun, meine Kleine, so wie es aussieht, willst du nichts mehr hören von christlicher Nächstenliebe und all den Versprechungen auf eine Vergeltung im Jenseits. Aber vielleicht magst du mir ja einen Gefallen tun, der dir sofortige Belohnung verspricht? Ich weiß genau, was du dir wünschst und du brauchst gar nicht viel dafür tun, um es auch zu bekommen."

Und dann fing die Alte an, von all den Dingen zu sprechen, von denen Agnes bisher nur träumen konnte und es schien ihr geradeso, als könnte die Frau in ihrer tiefsten Seele lesen, wie in einem offenen Buch.

Nachdem sie geendet hatte, fasste sie in ihren Korb und holte einen kleinen Tonkrug heraus, der mit einem Wachspfropfen verschlossen war. „Hier", sagte sie, „nimm das! Geh damit in die Gemächer deines Onkels und schütte den Inhalt in das kleine Weihwasserbecken neben dem Fenster! Mehr brauchst du nicht tun."

Sie griff noch einmal in den Korb hinein und holte einen goldenen Ring hervor, an dem ein grüner Stein blitzte wie ein Katzenauge.

„Wenn du den Auftrag ausgeführt hast, dann setz' dich heute Abend, wenn alles schläft, vor dem Kamin, steck' den Ring an deinen Finger und dreh ihn dreimal herum. Dann, mein liebes Kind, werden all deine Wünsche Wahrheit werden!"

Während die Alte sich abwandte und kichernd davon schlurfte, erhob Agnes sich wie eine Marionette und ging zurück ins Haus.

Bald darauf schon hatte sie den Krug in das Weihwasserbecken des Onkels geleert und wartete nun, ebenso gespannt, wie ängstlich, auf seine Rückkehr.

Als der Pfarrer sich, wie jeden Abend, gleich nach dem Nachtmahl in seine Kammer zurückzog, um dort das gewohnte Ritual zur Abwehr des satanischen Hexenzaubers vorzunehmen, konnte er nicht ahnen, welche verhängnisvollen Folgen dies nach sich ziehen würde.

Er beendete sein Gebet, spritzte zum Abschluss dreimal einige Tropfen des vermeintlichen Weihwassers zur Burg hinauf und während die Glocken von St. Jakob über der Stadt erklangen, begab er sich zur Ruhe. Bald darauf lag er, wie alle anderen Bewohner der Stadt auch, in einem tiefen und seligen Schlaf.

Nur eine Seele fand in jener Nacht keine Ruhe: Agnes! Sie saß in banger Erwartung vor dem Kamin in der Stube und drehte – so, wie die Alte es ihr befohlen hatte – den geheimnisvollen Ring mit dem funkelnden, grünen Stein dreimal um ihren Finger. Plötzlich erklang ein leises „Miau" und aus der erkalteten Asche des Kamins erhob sich eine graue Katze. Hinter ihr gleich eine Schwarze und danach eine Rote. Bald darauf schlichen schnurrend und maunzend sieben Katzen durch den Raum und strichen mit hochgestellten, zitternden Schwänzen um die Beine des Mädchens. Die erste von ihnen sprang ihm auf den Schoss und sprach nun mit menschlicher Stimme: „Du hast jetzt deinen Teil der Abmachung erfüllt. So sollst du nun deine Belohnung erhalten. Ruf einfach nach Baphomet, Belzebub und Luzifer und all deine Wünsche sollen sich noch heute Nacht erfüllen!"

Trotz ihrer großen Angst rief Agnes mit zitternder Stimme die drei Dämonen herbei. Kaum waren die Namen über ihre Lippen gekommen, verwandelten die sieben Katzen sich in Weibsbilder, die sich sogleich an die Arbeit machten. Während die eine in der Küche den Brotteig knetete, rollte die andere Bahnen erlesenster Stoffe vor den staunenden Augen des Mädchens aus. Eine dritte zückte die Schere und schnitt Seide und Taft zurecht. Nadel und Faden lagen bereit, um Spenzer und Rock zu nähen. Flinke Hände fertigten mit zierlichen Ahlen elegante Stiefelchen aus feinstem Leder und geschickte Finger fassten kostbare Granate zu einem edlen Schmuck, der schon am nächsten Abend an Agnes' schlanken Hals glitzern sollte. Noch ehe der Morgen dämmerte war die junge Pfarrersnichte umgeben von einer prächtigen Aussteuer, derer sich ein Mädchen aus bestem Hause nicht hätte schämen müssen. Und mit dem ersten Hahnenschrei waren die sieben Hexenweiber ebenso schnell verschwunden, wie sie gekommen waren.

Als der Pfarrer pünktlich mit dem Morgenläuten in der Stube erschien, um sein Frühstück einzunehmen, lagen Kleider, Schmuck und Schuhe gut und sicher versteckt in einer Kiste in Agnes' Kammer und auf dem Tisch lagen die frischgebackenen, herrlich duftenden Brote für die Bedürftigen.

Höchstpersönlich verteilte der Kirchenmann sie nach der Messe an die Armen, ohne zu ahnen, dass es heidnische Hexenhände waren, die diesen Teig geknetet hatten.


Als es Abend wurde versammelte sich das Volk am Marktbrunnen vor dem Brothaus und tummelte sich ausgelassen auf dem Tanzboden. Plötzlich aber richteten sich alle Augen auf eine junge

Frau, die dort eben erschien und die so schön und so wunderbar gekleidet war, wie man es hier am Ort noch niemals gesehen hatte. Ihr Kleid war aus reinster Seide und schimmerte in einem Grün, wie es sonst nur der Inn trug, an den Tagen, ehe sich das Wetter änderte. Um ihren Hals und an ihren Ohren glitzerten sattrote Granate. All den anderen jungen Mädchen blieb vor Staunen der Mund offen stehen. Das war ja die Agnes! Die Pfarrersnichte, die doch sonst nur in einem einfachen, grauen Kittel zu sehen war, in deren Haar nie auch nur das kleinste Schleifchen oder die winzigste Spange blitzte. Das konnte doch nicht mit rechten Dingen zu gehen. Während die Mädchen und Frauen nun zusammen tuschelten, entstand unter den jungen Burschen bald ein wüster Streit darüber, wer als Erster mit Agnes tanzen durfte. Es war genauso, wie es die alte Hexe am Vortag versprochen hatte: All ihre Wünsche hatten sich erfüllt. Agnes sonnte sich in der ihr entgegengebrachten Aufmerksamkeit und war für diese eine Nacht das glücklichste Mädchen auf der Welt, während daheim im Pfarrhaus der Onkel ahnungslos dem neuen Morgen entgegen schlief.

Jedoch schon gleich nach dem Aufstehen blieb ihm nicht verborgen, dass die Dinge im Pfarrhaus sich über Nacht grundlegend geändert hatten. Draußen vor der Türe lagen unzählige rote Rosen von Agnes' neuen Verehrern. Das Mädchen selbst ging, unausgeschlafen und mit den Gedanken offensichtlich ganz wo anders, ihren Aufgaben im Haushalt nach. Während sie Gabel und Messer verwechselte, die Eier auf dem Herd vergaß, den Honig über Servietten und Tischdecke goss, lag ein glückliches Lächeln auf ihren

Lippen und hin und wieder erhob sich ein sehnsuchtsvoller Seufzer aus ihrer Brust.

Keine sechs Wochen nach dem Maitanz war die schöne Pfarrersnichte bereits verlobt, bald darauf verheiratet und von da an schenkte sie Jahr um Jahr einem gesunden Kind das Leben. Zum Schmücken und Kleiden blieb ihr von da an keine Zeit mehr – jedoch wachte ihr Ehegatte ohnehin eifersüchtig über jeden Schritt seiner jungen Frau.

Mysteriöserweise büßte der arme Pfarrer von St. Jakob seit jener Zeit aber auch die Kraft seiner allabendlichen Gebete ein. So lange er lebte, konnte er sich den Grund hierfür nicht erklären.

Zu seiner großen Verwunderung und noch viel größerem Ärger kehrten die Hexen nämlich wieder auf die Wasserburg zurück und wer immer es wagte, sich ihnen in den Weg zu stellen, wurde gnadenlos mit Unheil oder Krankheit bestraft.

Von nun an sahen die Einwohner von Wasserburg jede Samstagnacht, kaum, dass die Glocken von St. Jakob verklungen waren, Scharen von Hexen rittlings auf ihren Besen reitend, dicht gedrängt wie Kraniche über den Himmel ziehen. Und sie johlten und jaulten, kicherten und lachten, fauchten und zischten, klapperten und trommelten, während sie hinauf zogen zur Burg, um dort, wie seit Urzeiten, ihren mitternächtlichen Sabbat zu feiern.

Wenn ihr euch jetzt fragt, was denn aus den Hexen auf der Wasserburg geworden ist: Nun, vielleicht mag es ja heute ruhiger geworden sein, aber glaubt ja nicht, dass es daran liegt, dass die Hexen unser Städtchen nun meiden.

Nein, nein – es ist vielmehr so, dass sie sich nun gar nicht mehr mit der Burg begnügen. Sie haben Einzug gehalten und leben hier in der Stadt mitten unter uns, Tag für Tag, Stunde um Stunde. Aber psst… das muss unser Geheimnis bleiben.

# Der Ring der Freude

autes Gelächter ...

... klang über die mondbeschienene Wiese hinweg. Trommler und Fiedler ließen ihre Instrumente erklingen, fröhliche Sänger stimmten mit ein und nach und nach erhoben sich die Gäste des großen Festes von ihren reich gedeckten Tischen und fingen an zu tanzen. Immer schneller und immer ausgelassener wurden Tanz und Gesang. Staubige, braune Füße mit schwarzumrandeten Zehennägel stampften den Takt. Junge Mädchen warfen ihre Röcke hoch und sprangen wild im Rhythmus der Musik, während sie von den Burschen laut johlend angefeuert wurden. Gaukler und Feuerspucker mischten sich unters Volk. Alles, was Beine hatte war heute gekommen und niemand ließ es sich nehmen an der großen Feier zu Erntedank teilzunehmen. Nach harter Arbeit waren Scheunen und Keller angefüllt und die Menschen freuten sich an der reichen Ernte. Bier und Wein flossen an diesem festlichen Abend in Strömen durch durstige Kehlen und hungrige Bäuche wurden gefüllt mit allerlei Köstlichkeiten.

Auch Heli, die alte Heli, war da. Alle hatten sie gesehen. Niemand hatte etwas zu ihr gesagt, als sie sich mit ihren krummen Rücken langsam durch die Menge schob. Es war wie immer. Jeder achtete sie und die große Weisheit, die ihr zu eigen war. Dieses uralte Wissen, welches ererbt war von Generationen weiser Frauen vor ihr. Jeder hatte auch schon mehr als einmal ihre Hilfe in Anspruch genommen, ob es um einen verdorbenen Magen, eine Verletzung beim Holzhacken oder gar um ein gebrochenes Herz ging. Heli wusste für jeden das richtige Kraut. Und sie wusste noch viel mehr. Sie kannte den Lauf der Gestirne und verstand es, die Zeichen zu deuten. Deshalb fürchteten die Leute sich auch ein wenig vor ihr. Denn wer konnte schon sagen, was sie in den dunklen, zwielichtigen Nächten in ihrer einsamen Waldhütte wirklich trieb und was ein Blick aus jenen himmelblauen, alterlosen Augen bewirken mochte, wenn er sich einmal zu tief in das Herz seines Gegenübers senkte? Jetzt saß sie ein wenig abseits, das graue Haar fiel wie ein seidiger Vorhang über das nach unten geneigte, von unzähligen Runzeln und Falten durchzogene Gesicht und trotzdem schien es so, als würde nichts vor ihr verborgen bleiben.

Völlig unbemerkt von der lustig feiernden Gesellschaft zerriss, ebenso plötzlich wie lautlos, ein kleiner, dunkler Schatten das leuchtende Rund der Mondscheibe. Im Näherkommen verwandelte dieser Schatten sich in einen Raben, der sich mit flatternden Flügelschlägen auf Helis linker Schulter niederließ.

„Ach, Kraab, alter Freund", sprach Heli mit brüchiger Stimme, „was bringst du mir heute für Botschaften?"

„Krraahhh, keine guten Neuigkeiten. Es droht Gefahr! Eine dunkle Wolke breitet sich aus und sie bringt Unheil und Traurigkeit mit sich. Überall dort, wo sich ihr Schatten auf die Landschaft legt, verlieren die Menschen Farbe und Lachen. Alles ist nur noch grau in grau und niemand mehr trägt ein Lächeln auf seinem Gesicht. Und das Schlimmste ist: die Wolke kommt näher und näher und niemand weiß, wie sie aufzuhalten ist."

Müde und schwer erhob sich die Alte, während Kraab versuchte auf ihrer Schulter Halt zu finden. Jetzt war es also so weit. Sie hatte schon lange mit Bangen darauf gewartet. Heli verließ das Fest und ging zurück zu ihrer Hütte.

Bald darauf saß sie in ihrem alten, zerschlissenen Lehnstuhl im flackernden Schein einer Öllampe vor dem knisternden Feuer. Der Rabe tapste auf dem Tisch umher und pickte herumliegende Brotbrösel auf.

Auf Helis Schoß lag ein schweres, in altes Leder gebundenes Buch. Vorsichtig blätterte sie die vergilbten, brüchigen Seiten um, die mit handgeschriebenen Buchstaben, Zahlen und kleinen Zeichnungen angefüllt waren.

„Irgendwo muss es doch stehen", murmelte sie. „Ich weiß es doch, ich hab es doch schon gesehen. Da! Da ist es!" Heli fuhr mit dem Finger die Zeilen entlang:

> In einer fernen Zeit wird's kommen,
> dass den Menschen die Farben genommen;
> ein Ring aus Eisen, von Zaubermacht gebannt,
> bringt Trübsal und Kummer über das Land.
> Wolken so düster und so schwer
> treibt die Habgier vor sich her.

Es waren diese Aufzeichnungen ihrer längst verstorbenen Großmutter, an welche Heli sofort denken musste, als sie die Botschaft des Raben erhielt.

Aber hier musste doch noch irgendetwas darüber zu lesen sein, wie diese unheimliche Bedrohung aufzuhalten war. Tatsächlich, ein Stück weiter unten auf dem alten Pergament stand zu lesen:

*Doch kann es gelingen,*
*die Macht zu bezwingen*
*nicht einer allein • Vier müssen sein:*

...

Plötzlich wurde Heli durch das blecherne Scheppern eines Melkeimers und das laute aufgeregte Meckern der Ziegen draußen im Stall aufgeschreckt. Auch Kraab hörte auf zu picken und legte aufmerksam den Kopf zur Seite, seine kohlschwarzen Augen blitzten. Dort draußen war jemand! Heli erhob sich. Sie legte das Buch beiseite und griff sich ein Stück Feuerholz. Vorsichtig, damit kein Knarren sie verriet, öffnete sie die Türe und schlich leise in Richtung Stall. Tatsächlich: im fahlen Licht des Mondes erkannte sie den Schatten einer langen, dürren Gestalt.

„Was suchst du hier?", rief sie laut. Der Fremde zuckte ängstlich zusammen, als er Heli mit dem erhobenen Holzscheit vor sich stehen sah. Aber dann trat er aus seinem schützenden Versteck unter dem Dach des Ziegenstalles hervor.

Heli sah ihn an. Er war noch recht jung. Eine hoch gewachsene, schmale Gestalt mit feingliedrige Händen.

„Ich… äh… ich wollte…", stotterte er.

„Was wolltest du und wer bist du überhaupt?", unterbrach sie ihn.

„Ich… ähm… ich bin Pfeifer, der Musiker. Ich habe dich auf dem Fest gesehen."

„Und warum bist du mir nach geschlichen?"

„Es ist so, dass mich seit vielen Nächten ein Traum quält. Ich dachte mir, vielleicht kannst du ihn deuten."

„Was ist das für ein Traum?" Heli ließ das Holzscheit sinken und wandte sich dem Jungen nun schon erheblich freundlicher zu.

„Nun, ich sehe jede Nacht im Traum ein wunderschönes, weinendes Mädchen und über ihm eine schwarze Wolke, die den ganzen Himmel verdüstert. Überall da, wo diese Wolke ist, verliert sich jede Farbe. Dann wache ich auf und tiefe Trauer erfüllt mein Herz."

Heli sah sich den jungen Mann genauer an. Sollte er einer von den gesuchten Vieren sein?

„Komm mit mir", sagte sie, „ich will dir was zeigen!" Sie führte Pfeifer in ihre Hütte hinein, direkt zu dem Buch hin, das noch immer aufgeschlagen auf dem Tisch lag.

„Dies hier ist das Vermächtnis meiner Großmutter. Sie besaß die Gabe der Prophezeiungen und hat mir dieses Buch mit ihren Aufzeichnungen hinterlassen. Vor vielen Jahren hatte sie schon vor dieser Gefahr gewarnt. Jetzt ist es soweit. Die dunkle Wolke, von der du geträumt hast, gibt es wirklich und sie breitet sich immer weiter aus. Aber ich habe etwas gefunden, das vielleicht die Rettung sein kann. Hör mir zu!"

Heli las den Reim noch einmal vor und kam schließlich zu der Stelle im Buch, an der sie durch den Eindringling unterbrochen worden war. Sie legte den Finger an die Zeile und fuhr fort:

*Eine mit Wissen von Kraut und Wort,*
*Einer beherrscht die Luft und den Ort,*
*Einer die Gabe der Träume besitzt,*
*Einer welcher Geheimnisse schützt!*

*Nur sie können retten Mensch, Tier und Land*
*durch ehernen Ring aus Zwergenhand.*
*Geh'n sie auf die Reise nach* ▓▓▓▓
*bringen sie Farbe und Freude zuruck.*

„Wohin sollen sie auf die Suche gehen? Und warum heißt es zuruck und nicht zurück?", fragte Pfeifer.

„Ich weiß es auch nicht", entgegnete Heli. „Du siehst doch, dass
hier ein Tintenklecks ist." Und tatsächlich, ein etwa daumengroßer,
grauschwarzer Fleck verdeckte genau dieses eine Wort, welches
wohl einen Ort oder Namen bezeichnete und der sich auf „zuruck"
reimen musste. So sehr die beiden sich auch bemühten, sie konnten
beim besten Willen nicht mehr entschlüsseln, was einst unter der
verschmierten Tinte geschrieben stand.

„Jetzt lass uns doch erst einmal sehen, was im letzten Vers steht,
vielleicht wissen wir dann ja mehr!", meinte Heli und begann wieder laut vorzulesen:

*Um das Unglück abzuwenden,*
*halten zwei von ihnen den Ring in den Händen.*
*Hilfe kommt dann tief aus der Erd',*
*der Böse muss weichen, auch wenn er sich wehrt.*

170

„Ich versteh' das alles nicht!", sagte Pfeifer. „Was soll das alles mit dem Ring und einem Ort, dessen Name wir nicht einmal lesen können?"

„Das ist ja vielleicht jetzt auch noch gar nicht wichtig. Viel wichtiger ist, dass wir schon mal wissen, dass wir beide zwei von den Vieren sind."

„Was, wir?" Pfeifer wurde ein wenig bleich. „Wieso wir?"

„Nun ja", entgegnete die Alte, „eine mit Wissen von Kraut und Wort, das bin ja wohl ich und die Gabe der Träume besitzt doch eindeutig du – oder etwa nicht?"

„Ja schon, aber… Ich fühle mich nicht angesprochen. Ich glaube nicht, dass es in diesem Reim um mich geht und außerdem hab ich gar keine Lust auf eine solche Abenteuerreise ins Ungewisse."

„Du hast wohl Angst?" Heli sah den jungen Musiker durchdringend an.

„Nein, hab ich nicht! Aber ich denke, dass du dir da was einbildest. Außerdem, wer sollten denn dann die anderen beiden sein?"

„Das weiß ich nicht! Aber wir werden sie schon noch finden!"

„Du vielleicht! Ich nicht!" Pfeifer drehte sich auf dem Absatz um und verließ fast im Laufschritt die Hütte.

„Dann mach ich mich morgen früh eben alleine auf den Weg!" Wütend schlug Heli das Buch zu und legte sich auf ihre hölzerne Bettstatt nieder.

Aber an Schlaf war vorerst nicht zu denken. Unruhig wälzte sie sich auf ihrem Lager hin und her, tausend Gedanken kreisten in ihrem Kopf. Wer konnten die gesuchten Vier nur sein? Wohin sollte die Reise führen? Und was hatte es mit diesem eisernen Ring auf sich? Es dämmerte bereits, als sie endlich in einen leichten Schlummer fiel.

Als jedoch die ersten Sonnenstrahlen die Morgennebel vertrieben, stand sie schon wieder auf, zog sich Stiefel und Mantel an und band ihr Kopftuch um. Nachdem Kraab auf ihrer Schulter Platz genommen hatte, trat sie durch die Türe. Aber schon im nächsten Moment hielt sie erstaunt inne und glaubte ihren Augen nicht zu trauen. Vor ihr, mit einem großen Bündel auf dem Rücken, stand Pfeifer. Verlegen trat er von einem Bein auf das andere und lächelte sie schief an.

„Ich hatte schon wieder einen Traum!"

„Und du glaubst doch nicht, dass ich mir genau jetzt dafür Zeit nehme?" Heli wollte gerade an Pfeifer vorbei, als er sich ihr in den Weg stellte und sagte: „Das glaube ich schon, weil ich nämlich jetzt weiß, dass ich doch einer der Vier bin und dein Rabe da, ist übrigens auch einer davon."

„Jetzt hast du mich doch neugierig gemacht. Also erzähl schon, aber ganz genau!"

„Ich sah uns beide im Traum am Fluss entlanggehen. Über uns flog der Rabe immer ein Stück voraus, so als wollte er uns führen. Ich hatte eine schwere Last in meinem Rucksack. Dann hat sich das ganze Bild aufgelöst und ich bin aufgewacht."

„So, so, das klingt interessant. Hast du denn auch Schatten gesehen?"

„Ja, jetzt wo du fragst fällt es mir wieder ein. Es waren unsere eigenen und ich sah sie vor uns."

„Dann komm! Ich weiß jetzt wohin wir gehen müssen!"

„Wohin denn?"

„Nach Norden!"

So machten Heli und Pfeifer sich auf ihren Weg nach Norden, während Kraab sich krächzend in die Lüfte erhob: „Los, folgt mir! Ich kenne alle Wege und ich kann von oben sehen, wo die Wolke sich befindet."

Sie wanderten den ganzen Tag hinter ihm her durch Wald und Flur, immer dem Fluss entlang Richtung Norden, bis die Sonne sich schließlich anschickte, hinter den silbernen Weiden zu ihrer Linken unterzugehen.

„Jetzt ist es wohl Zeit, unser Lager aufzuschlagen!" Pfeifer setzte sein Bündel ab und packte Brot, Käse und Wein aus. Dann suchte er trockene Zweige und einige größere Steine, um damit die Feuerstelle zu begrenzen. Nachdem er alles zusammengetragen hatte, zündete er das Feuer an. Mit einem tiefen Seufzer setzte er sich: „Ahhh! Endlich Ruhe!"

Inzwischen hatte Kraab sich mit einem krächzenden: „Bis morgen dann!", auf eine hohe Baumkrone zurückgezogen und seinen Kopf ins Gefieder gesteckt. Heli ließ sich neben Pfeifer auf der ausgebreiteten Wolldecke nieder und stopfte aus getrockneten Kräutern ein wohlriechendes, beruhigendes Pfeifchen. Als sie jedoch gerade den ersten genüsslichen Zug davon nehmen wollte, schreckten die beiden durch einen schrillen, markerschütternden Schrei hoch, auf den sogleich eine schnarrende Stimme hörbar wurde: „Waah! Welcher Narr kommt auf eine solch' irrwitzige Idee, mich ins Feuer zu setzen? Das kann doch nur ein Mensch gewesen sein!"

Verdutzt sahen Heli und Pfeifer zur Feuerstelle hin, wo eben einer der großen Steine, wie von Geisterhand bewegt, nach vorne gesprungen war.

Als sie im flackernden Schein der Flammen genauer hinsahen, erkannten sie jedoch, dass sie einen Zwerg vor sich hatten, der sich mit seiner linken Hand sein rauchendes Hinterteil rieb.

„Verbrennen mir einfach meine gute Hose, die ist gerade mal 200 Jahre alt. Ihr seid wohl von allen guten Geistern verlassen! Was treibt ihr überhaupt um diese Zeit hier im Wald?"

„Wer bist du denn?" Heli starrte den Zwerg an, ohne auf seine Frage einzugehen.

Während der Zwerg mit seiner graubraunen Zipfelhaube, die er sich vom Kopf gerissen hatte, versuchte, sich die glimmenden Funken vom Hosenboden zu schlagen, antwortete er beleidigt: „Ich bin Albert!"

„Ach so", entgegnete Pfeifer trocken, „ich dachte, du wärst ein Stein."

„Ja, der bin ich auch! Albert Ein-Stein. So lautet mein voller Name. Ich stamme aus der alten Zwergenfamilie der Ein-Steins. Aber glaubt ihr nicht, dass es jetzt Zeit ist, euch selbst vorzustellen?"

„Aber ja, natürlich." Heli rückte auf der Decke ein wenig zur Seite und lud den Zwerg mit einer Handbewegung ein, sich zu ihnen zu setzen. Während sie ihm nun den Grund ihrer Reise erzählten, ließen sie Helis Pfeifchen kreisen. Dazu leerten sie nach und nach eine Flasche guten Kräuterweins aus Helis Vorratskeller.

„Und ihr seid euch sicher, dass von einem Ring aus Zwergenhand die Rede war?", fragte Albert.

„Ja, so hat es meine Großmutter niedergeschrieben: ein eherner Ring aus Zwergenhand. Weißt du etwas darüber?"

„Kann schon sein," antwortete Albert knapp und fügte bedeutungsschwanger hinzu: „Wir Zwerge wissen weit mehr, als ihr Menschen denkt. Aber wir verstehen unsere Geheimnisse auch zu schützen!"

„Geheimnisse schützen, sagst du?" Heli horchte auf. „Ja dann, musst du wohl einer von uns Vieren sein. Pfeifer, was sagst du? Jetzt sind wir komplett!"

Ehe Pfeifer etwas erwidern konnte, ließ Albert wieder seine schnarrende Stimme erklingen: „Wie kommt ihr darauf? Glaubt ihr, ich habe nichts besseres zu tun, als mit einem alten Weib und einem verträumten Musiker durch die Welt zu ziehen?"

„Du hast den sprechenden Raben vergessen."

„Ich hasse Raben! Ich hab' sie noch nie leiden können. Wenn so ein Vieh dabei ist, dann wird schon gar nichts daraus!" Albert klang jetzt schon fast zornig.

„Aber interessiert es dich denn gar nicht, was aus dem Ring aus dem Zwergenreich geworden ist?"

„Na ja, ein wenig schon", beruhigte der Zwerg sich jetzt wieder. „Man müsste wissen, um welchen Ring es sich überhaupt handelt. In der Zwergenschmiede werden viele Ringe für unterschiedlichste Zwecke hergestellt. Vielleicht geh ich ja ein Stückchen mit euch, wenn es sowieso gerade meine Richtung ist. Aber mehr wird 's nicht werden. Schon gar nicht, weil ihr Menschen ja am Tag unterwegs seid und euch des Nachts zum Schlafen legt. Bei uns Zwergen ist es umgekehrt. Sobald die Sonne aufgeht, werde ich mich in einen Stein verwandeln, da dürfte es schwierig sein mit dem Reisen."

„Mit einem was du sagst, hast du jedenfalls Recht", sagte Heli, „wir Menschen brauchen jetzt erst mal etwas Schlaf und morgen früh werden wir dann schon sehen." Sie legte sich nieder und bald darauf schon verkündete nicht nur ihr, sondern auch Pfeifers Schnarchen, dass die beiden im tiefsten Schlummer lagen.

Die Sonne stand schon hoch am Himmel. Heli und Pfeifer waren bereits seit Stunden unterwegs. Der Zwerg war, wie angekündigt, am Morgen ein kalter, lebloser Stein gewesen, weshalb Pfeiffer ihn nun unter vielen Mühen und Anstrengungen neben dem Reiseproviant und Helis Kräuterwein in seinem Bündel auf dem Rücken trug. Kraab, der Rabe flog den beiden immer ein Stück voraus, kehrte dann wieder zurück und wies ihnen den Weg.

„Hier geht 's lang!", krähte er. „Ihr müsst auf diesen Hügel da vorne steigen, dann könnt ihr die Wolke sehen!" Stöhnend machten die beiden sich also an den Aufstieg. Immer wieder mussten sie stehen bleiben. Pfeifer, um kurzfristig die schwere Last abzusetzen und Heli, um ihre alten, müden Glieder auszuruhen. Als sie endlich die Anhöhe erreicht hatten und über den vor ihnen liegenden Fluss blickten, blinzelten sie erstaunt mit den Augen. So etwas hatten sie noch nie gesehen. Der Himmel war durch eine eigenartige, schwarze Wolke verdüstert und so wie es aussah, wurde sie immer größer und senkte sich immer tiefer herab. Ein merkwürdig eisiger Wind wehte und die Luft vibrierte vor Spannung. Jedoch war kein Laut zu hören, kein Vogel zwitscherte, kein Rascheln der Blätter, nichts. Heli und Pfeifer wurde ganz seltsam zumute. Eine unbestimmbare Traurigkeit legte sich bleischwer auf ihre Seelen.

„Habt ihr das gesehen? Habt ihr es gefühlt?" Kraab flatterte um die beiden herum. „Versteht ihr jetzt, wie groß die Gefahr ist? Ihr müsst den Fluss überqueren, um die Wolke aufzuhalten!"

Ganz in ihre schwermütigen Gedanken versunken, machten die beiden Wanderer sich auf den Weg hinunter zum Flussufer. Als sie dort ankamen, wartete ein Fährmann und winkte sie auf sein Floss. Während er mit sanften Ruderbewegungen übersetzte, blickte er unter der Kapuze seines schwarzen Umhanges hervor und betrachtete seine Passagiere. Er sah den langen, dürren Pfeifer an, der stöhnend sein schweres Bündel vom Rücken nahm, dann fiel sein Blick auf die alte Heli mit dem Raben auf ihrer Schulter. Was immer er denken mochte, er sprach kein Wort. Auch Heli und Pfeifer waren stumm und still in ihrer Trauer gefangen. Es dämmerte bereits. Kalte, feuchte Nebel stiegen vom Wasser herauf und hüllten die schweigende Gesellschaft auf dem Floß mehr und mehr ein. Auf der anderen Seite angekommen, gab der Fährmann Heli die Hand und half ihr ans Ufer. Pfeifer hob sein Bündel mit dem steinernen Zwerg darin an und wollte ebenfalls an Land springen. Kaum hatte sein Fuß jedoch den Untergrund berührt, rutschte er auf dem matschigen Lehmboden aus. Schwankend und mit den Armen rudernd versuchte er mit aller Macht das Gleichgewicht zu halten, was ihm schließlich auch gelang; jedoch fiel ihm das Bündel aus der Hand und noch ehe er wieder danach greifen konnte, platschte es schon hinter ihm ins Wasser. Glücklicherweise fasste der Fährmann geistesgegenwärtig in die Fluten und zog den gerade im Sinken begriffenen Stoffsack wieder heraus.

„Da habt ihr aber noch mal Glück gehabt!", sagte er mit tiefer, rauer Stimme, „wenn ich ihn nicht erwischt hätte, wäre euer Proviant bis nach Teufelsbruck geschwemmt worden. Da hättet ihr ihn sicher nie mehr wieder bekommen. Dort liegt das Schloss eines mächtigen Zauberers und was der einmal hat, gibt er nicht mehr her."

Der Fährmann hielt den Sack in die Höhe, um ihn Pfeifer zu übergeben. Im selben Augenblick jedoch versank die Sonne hinter dem Hügel und das Bündel fing an zu zucken und zu strampeln und nicht nur das. Aus seinem Innersten drang eine schnarrende Stimme, die rief: „Was fällt euch ein, ihr Dummköpfe? Gestern hättet ihr mich fast verbrannt und heute wollt ihr mich ertränken? Wenn ich das gewusst hätte, wäre ich nicht mitgekommen."

Mit zitternder Hand und zu Tode erschrocken, reichte der Fährmann Pfeifer das zappelnde Bündel: „Hier hast du! Was immer das ist. Ich will es gar nicht wissen. Ich hab mir gleich gedacht, dass es bei euch nicht mit rechten Dingen zugeht." Dann griff er geschwind nach seinem Stab und stieß sich mit aller Kraft vom Ufer ab.

\*\*\*

Die müden Wanderer saßen schon lange um das wärmende Lagerfeuer. Helis Kräuterwein machte die Runde, während sich der inzwischen trockene, aber immer noch wütende Zwerg weiterhin lautstark über seine rüde Behandlung beschwerte.

„Jetzt ist es aber wirklich gut!", unterbrach Heli ihn schließlich. „Wir haben doch ganz andere Sorgen. Hast du dir vielleicht schon mal überlegt, wie wir uns der Wolke nähern sollen, ohne selbst in ihren Bann zu geraten?"

„Ja", meinte Pfeifer, „das ist allerdings ein Problem. Dir als Stein mag das nichts ausmachen. Aber wie können wir uns gegen diese lähmende Traurigkeit schützen?"

„Ja", krächzte nun auch der Rabe, „da müsst ihr euch noch was überlegen; aber ich für meinen Teil begebe mich jetzt zur Ruhe. Bis morgen früh! Krah!"

„Das wird auch gut sein!", grummelte Albert. „Wenn ich nur dieses Federvieh nicht mehr sehen muss, es beleidigt meine Augen!"

„Weißt du, Albert", meinte Heli nun beschwichtigend, „irgendwann musst du mir die Geschichte erzählen, warum du keine Raben magst. Aber für heute denke ich, ist es wirklich genug. Lasst uns schlafen gehen. Morgen ist ein anderer Tag und wir finden sicher eine Lösung. Gute Nacht!"

„Gute Nacht!", murmelte Pfeifer und rollte sich in seiner Decke zusammen.

Als die beiden Menschen schliefen, erhob Albert sich und stapfte missmutig zum von wild wachsendem Dickicht umwucherten Flussufer hinunter. „Dumme Menschen, böse, hinterhältige Raben!", schimpfte er grimmig vor sich hin, während er immer weiter wanderte. Er war schon ein Weilchen unterwegs, als er plötzlich durchs Gebüsch einen lilafarbenen, kalten Schein wahrnahm. Leise schlich er näher und verbarg sich hinter der aufragenden Wurzel eines umgestürzten Baumes. Vorsichtig spähte er hervor und blickte auf die vor ihm liegende Lichtung. Was er dort sah, ließ ihn starr vor Schreck werden. Im fahlen Schein des Mondes und im fluoreszierenden Flackern kleiner Lichtstrahlen wanderte eine in einen weiten, wallenden Mantel gehüllte Gestalt auf der Wiese umher, pflückte winzige, leuchtende Kristalle von Blättern und Zweigen ab und steckte sie in einen großen Sack.

Albert Ein-Stein presste sich mit aller Kraft gegen die Wurzel. Sein kleines Herz pochte wie wild. Schweiß perlte unter seiner wollenen Zipfelhaube hervor. Er wusste genau, wer diese dunkle Gestalt war: Niemand anderer, als Magister Rachitus Pilwis, der uralte Zauberer, der schon seit Urzeiten auf Erden sein Unwesen trieb. Er war genauso gefürchtet in der irdischen Welt, wie er es auch im Reich der Zwerge und Elfen war. Wann immer eine Katastrophe über Mensch und Tier hereinbrach, ob Krieg, Überschwemmung oder Feuersbrunst, ob Missernte oder Seuche, hatte mit Sicherheit Pilwis seine Hand im Spiel. Er war es auch gewesen, der in der Gestalt eines Raben Zwietracht und Unfriede in das Zwergenreich gebracht hatte und er war es auch, der die eigentliche Schuld daran trug, dass Albert Ein-Stein aus der Gemeinschaft der Zwerge ausgeschlossen worden war. Auch wenn Albert ehrlicherweise zugeben musste, dass seine nachlässige Arbeit beim Polieren der geschmiedeten Zwergenringe nicht unbeteiligt daran gewesen sein mochte, dass sein Großvater Alwin Ein-Stein ihn vom ewigen Schmiedfeuer der Unterwelt fort, hinauf in die Gefilde der Menschen verbannt hatte. „Du kommst erst wieder, wenn du dich in den elementaren Kräften bewiesen hast. Werde geläutert durch die Elemente Feuer, Wasser und Luft, dann erst darfst du wieder in den heiligen Schoss der Erde zurück!" So hatte der alte Schmiedemeister ihm damals nachgerufen. Aber davon wollte Albert seinen Wegbegleitern nichts erzählen. Er hatte schließlich sein Gesicht zu wahren. Außerdem gab es jetzt auch Wichtigeres zu tun. Heli und Pfeifer mussten vor Pilwis gewarnt werden. Wenn er es war, der hinter der dunklen Wolke steckte, dann war die Gefahr wirklich unendlich groß. Das würde bedeuten, dass Pilwis im Besitz des Rings der Freude war, den Albert bisher immer noch gut verborgen unter dem Ende des Regenbogens wähnte.

So schnell ihn seine kurzen, krummen Beinchen trugen und so leise es ihm möglich war, um den Zauberer nicht auf sich aufmerksam zu machen, rannte Albert zurück zum Lagerplatz.

In der Zwischenzeit aber waren auch schon Heli und Pfeifer wieder wach. Die tiefe Traurigkeit, die immer noch, wie eine unendlich schwere Last auf ihren Herzen lag, lies sie nicht richtig zur Ruhe kommen. Aus einem unruhigen Schlummer hochgeschreckt war Pfeifer gerade dabei, Heli einen Traum zu schildern, als Albert zu ihnen stieß:

„… und dann war da diese kleine, braune Schlange", hörte er die Stimme des Musikers, „die zu mir sprach: 'Rettet mein Gelege, dann werde ich euch helfen!' Und sie wies mir den Weg in ein ausgetrocknetes Bachbett hinein."

„Ich weiß auch etwas und das ist viel wichtiger, als dein dummer Traum!", unterbrach Albert ihn ganz außer Atem. „Ich weiß, wer hinter der Sache mit der Wolke steckt! Es ist Rachitus Pilwis! Und was das Schlimmste ist: der Ring aus Zwergenhand, von dem deine Großmutter schrieb, ist der Ring der Freude, der kostbarste aller Zwergenringe." Albert ließ sich auf die Decke fallen und schnappte erst einmal nach Luft, ehe er weiter sprach: „Dieser Ring ist so alt wie die Zeit. Er wurde geschmiedet, als alles hier noch grau war und er erzeugt aus einfallenden Sonnenstrahlen Farbe und Freude für alle Lebewesen. Pilwis scheint seine Macht durch einen Zauber gewandelt zu haben und ist dadurch in der Lage, den Menschen nun die Freude zu entziehen. Ich habe es mit meinen eigenen

Augen gesehen, dass er die Lichtkristalle, die nichts anderes sind, als die gebannte Lebensfreude der Menschen, eingesammelt hat."

„Das ist allerdings eine Neuigkeit und absolut keine Gute!", meinte Heli daraufhin besorgt. „Dann wird er wohl der Magier sein, von dem der Fährmann sprach. Nun wissen wir wenigstens, dass unser Ziel in Teufelsbruck liegt und jetzt ist wohl auch klar, dass es dieses Wort ist, welches unter dem Tintenklecks stand. Und das reimt sich auch auf 'zuruck'. Aber wie auch immer, ich denke, wir sollten zuerst morgen früh Pfeifers Traum folgen."

„Was heißt hier folgen? Wenn ihr mich fragt, sollten wir lieber zusehen, dass wir uns in Sicherheit bringen und zwar schleunigst. Niemand, der seine Sinne beisammen hat, legt sich mit Rachitus Pilwis an." Alberts ohnehin schon schnarrende Stimme überschlug sich nun fast vor Erregung.

„Ja", rief nun auch Pfeifer verängstigt, „da hast du ja ausnahmsweise mal Recht, Albert. Und auch nach Teufelsbruck sollten wir nicht gehen. Dort hat schließlich der Höllenfürst selbst schon sein Unwesen getrieben, als er seinerzeit mit dem berüchtigten Dreisprung den Fluss überquerte. Dort hinzugehen würde bedeuten, das Schicksal herauszufordern!"

„Jetzt reicht es aber! Schluss mit diesem Aberglauben! Wir haben uns entschieden, diese Herausforderung anzunehmen und nun gibt es kein Zurück mehr. Schließlich hat meine Großmutter – mögen ihre Gebeine in Frieden ruhen – schon prophezeit, dass wir vier die Einzigen sind, die diese Gefahr bannen können. Also nehmt euch zusammen!" Heli wandte sich Albert zu und blickte ihn zornig funkelnden Augen an ehe sie fortfuhr: „Außerdem wirst du morgen sowieso nicht gefragt, du wirst einfach in den Sack gesteckt!"

Nach Helis Machtwort, blieb jeder der Reisenden mit seinen schweren Gedanken für sich allein zurück. Als die Sonne aufging, legte Pfeifer schweigend den steinernen Zwerg in sein Bündel, schulterte es und machte sich zusammen mit Heli und dem Raben auf den Weg.

Je weiter sie gingen, umso kälter und schärfer blies ihnen der Wind entgegen und umso grauer und trüber wurde die Gegend. Schwer und drückend lastete der Kummer auf ihnen. Plötzlich rief Pfeifer: „Dort muss es sein. Bei diesem Haufen Treibholz muss irgendwo die Abzweigung zum Bachbett sein."

Und tatsächlich hinter einem großen Haufen angeschwemmter Zweige und Äste, verlief der Mäander eines gewundenen, ausgetrockneten Baches. Ein kleines Stück von ihnen entfernt sahen sie auf einer Anhöhe ein offen liegendes Nest mit neun grau-grün gesprenkelten Schlangeneiern. Es war umgeben von Ackerschachtelhalmen, die durch stürmische Böen umgeknickt waren und deshalb keinen Schutz mehr vor Kälte und Wind boten.

„Wir müssen die Eier in die Wärme bringen! Hier hat der Wind das Gelege freigeweht und in dieser Kälte werden sie erfrieren." Heli nahm ihr Wolltuch von den Schultern und hüllte die Eier vorsichtig darin ein. Unten am Flussufer suchten sie eine windgeschützte Höhle, legten ihren kostbaren Fund hinein und bedeckten ihn mit wärmenden, modrig riechendem Blätterwerk.

„So", meinte Pfeifer, „das wäre erledigt. Aber wo ist jetzt unsere Hilfe?" Er hatte gerade zu Ende gesprochen, als er einen schmerzhaften Stich in der linken Wade spürte. Erstaunt blickte er nach unten und sah gerade noch eine braune Schlange in windenden Bewegungen auf Heli zu kriechen. Noch ehe er sie warnen konnte, hatte das Reptil schon seinen Rachen weit aufgesperrt und die alte Frau in die Ferse gebissen.

„Das ist also der Dank!", wollte Pfeifer noch sagen, jedoch im selben Moment wurde es ihm schon schwarz vor Augen. Er hatte mit einem Mal das Gefühl, in einen bodenlosen Tunnel zu stürzen. Tiefe, traumlose Ohnmacht umfing ihn schon, noch ehe er, genau wie Heli, auf die Erde sank. Kraab flog herbei und umkreiste laut krächzend die beiden bewusstlosen Gestalten.

***

„Was war das?" Heli richtete sich auf und versuchte sich zu besinnen. Sie sah zum Himmel hinauf. Viel Zeit konnte nicht vergangen sein. Die Sonne war noch nicht weit gewandert. Sie blickte zu Pfeifer hinüber, der ebenfalls gerade dabei war, sich mit schmerzenden Gliedern zu erheben.

Als die beiden etwas besorgt die Bisswunden der Schlange untersuchen wollten, mussten sie verwundert feststellten, dass nichts zu sehen war. Keine Blutung, kein Zahnabdruck, nichts! Aber etwas hatte sich doch verändert. Die bleierne Schwere, welche, seit sie die Wolke gesehen hatten, auf ihren Herzen lag, war verschwunden. Sie fühlten sich so unendlich leicht, so befreit, dass sie beide lauthals auflachen mussten. „Das ist die Hilfe deiner Schlange. Sie hat uns durch ihren Biss immun gemacht gegen die Schwermut!"

Fröhlich und von neuer Zuversicht erfüllt, machten die beiden sich nun daran, dem Raben, der wieder die Führung übernommen hatte, zu folgen. Sie wanderten weiter flussabwärts Richtung Teufelsbruck. Kraab flog ihnen immer wieder ein Stück voraus, kehrte um und brachte ihnen Botschaften über den Zustand des weiteren Weges: „Ich hab es gesehen! Ich hab es gesehen!", rief er plötzlich aufgeregt. „Das Schloss auf dem Steilhang. Dort müssen wir hin!"

Bereits kurze Zeit später standen auch Heli und Pfeifer am Fuße einer hohen, steilen Schlucht und sahen mit vor Staunen offenen Mündern zu einem prächtigen Schloss mit vielen hohen Türmen und Zinnen hinauf.

„Dann werden wir wohl dort hinauf müssen", meinte Pfeifer. „Also los, keine Müdigkeit vorschützen!"

Nun war es an der alten Kräuterfrau ein wenig zu stocken. Wie um alles in der Welt sollte sie mit ihren alten Knochen diesen Aufstieg schaffen? Aber sie wäre nicht Heli gewesen, wenn sie sich, ohne wenigstens einen Versuch zu wagen, gleich ins Bockshorn hätte jagen lassen.

Entschlossen machten die beiden sich also daran, den Steilhang zu erklimmen. Aber je höher sie kamen umso beschwerlicher wurde es für Heli. Sie keuchte und schnaufte, die Hände schmerzten vom Zupacken und die Kraft ihrer Beine ließ immer mehr nach. Irgendwann hing sie erschöpft an einer Baumwurzel. „Ich kann nicht mehr! Es tut mir leid, aber ich muss rasten."

Pfeifer wandte sich der Alten besorgt zu: „Wir können keine Rast machen. Es beginnt schon zu dämmern und wir müssen zusehen, dass wir oben sind, bevor es dunkel wird. Komm auf meinen Rücken, ich helfe dir!"

Pfeifer winkte mit einer Hand den Raben heran: „Du musst das Bündel nehmen, damit ich Heli tragen kann. Aber beeil' dich und pass' auf, da ist Albert drin und gleich geht die Sonne unter. Du hast nicht mehr viel Zeit!"

Kraab flog herbei, öffnete den Schnabel und packte den Riemen von Pfeifers Bündel, während dieser nun die entkräftete Heli auf seinen Rücken lud.

Der Vogel musste all seine Kraft zusammennehmen, um sich mit der schweren Last in die Lüfte zu erheben. Mühselig stemmte er sich Flügelschlag um Flügelschlag noch oben, bis er endlich sein Ziel erreicht hatte. Gerade angekommen, wollte er das Bündel absetzen, als sich drinnen plötzlich Leben regte. Mit dem Erlöschen des letzten Sonnenstrahls war Albert wieder erwacht. Als der Zwerg spürte, dass er durch die Luft getragen wurde, fing er in wilder Panik an zu zappeln und zu strampeln. Dabei schaukelte das Bündel so heftig hin und her, dass sich plötzlich die Verschnürung öffnete und Albert, Kopf voraus, einen lauten, durchdringenden Schrei ausstoßend, in die Tiefe stürzte. Kraab stand am Abgrund, den leeren Sack im Schnabel und äugte verdutzt hinterdrein. Dann breitete er rasch die Schwingen aus und flog dem Zwerg hinterher.

Währenddessen hatten Heli und Pfeifer das Ende des Steilhangs erreicht. Erschöpft und atemlos starrten sie auf das riesige Schloss, welches sich vor ihren Augen erhob.

Jedoch es blieb ihnen keine Zeit zur Besinnung, denn im selben Moment öffneten sich völlig lautlos die gewaltigen Flügeltüren des Schlosses und in einer gleißenden Lichterflut schwebte eine hoch gewachsene, dunkel gekleidete Gestalt heraus, die niemand anderer sein konnte, als der mächtige Magier Rachitus Pilwis.

Heli und Pfeifer duckten sich hinter einem Strauch. Kaum war der Zauberer an ihnen vorüber, huschten sie geschwind auf das Schloss zu, um ins Innere zu gelangen, ehe die Pforte sich wieder schloss. Sie hatten den Eingang eben passiert, als über ihren Köpfen – gerade noch im letzten Augenblick – Kraab herein flatterte. Lediglich eine seiner blau-schwarz schimmernden Schwanzfedern büßte er durch die sich schließenden, schweren Türflügel ein. Lautlos schwebte sie draußen vor dem Tor zu Boden.

„Ihr werdet es nicht glauben", krächzte er, „aber der Zwerg ist verschwunden. Dort, wo er aufgekommen ist, gibt es nichts als ein tiefes, schwarzes Loch. Von ihm weit und breit keine Spur."

„Darum können wir uns aber jetzt nicht kümmern. Wir müssen erst nach dem Ring suchen. Alles andere kommt später. Außerdem sind wir – so wie es scheint – ohnehin hier eingesperrt." Heli hatte sich erholt und resolut wie eh und je wieder die Führung übernommen. „Also los, lasst uns erst einmal sehen, woher dieses Licht kommt." Sie näherten sich einer Treppe, die, gewunden wie ein Schneckenhaus, nach unten führte. Stufe für Stufe folgten sie ihr hinab, bis sie schließlich in einer großen Halle angelangt waren.

Überall, wohin sie auch blickten, lagen riesige Haufen von glitzernden, funkelnden Kristallen, von denen ein solch helles Licht ausging, dass sie erst einmal geblendet die Lider schließen mussten.

Nachdem sich ihre Augen an diese Helligkeit gewöhnt hatten, sahen sie in der Mitte des Raumes einen hohen, schmalen Steinsockel stehen. Oben auf einem roten Samtkissen, unter dem Schutz eines Glassturzes, lag ein etwa zwei Hände breiter, geschmiedeter Eisenring.

„Das muss er sein!", riefen Heli und Pfeifer wie aus einem Munde. Mit wenigen raschen Schritten hatten sie den Sockel erreicht und während Pfeifer des Glas anhob, schickte Heli sich an, nach dem Ring zu greifen.

„Halt! Wagt es nicht den Ring zu berühren!" Eine tiefe, drohende Stimme ließ die Alte in der Bewegung erstarren. Der Glassturz glitt aus Pfeifers Hand, fiel auf den felsigen Boden und zerbarst mit lautem Klirren, dessen Echo sich in der Halle tausendfach brach, in unzählige Scherben.

Heli hatte sich als erstes von dem Schreck erholt, wandte sich um und blickte in die eiskalten, hasserfüllten Augen von Rachitus Pilwis, der sich drohend auf sie zu bewegte. Ehe er sie jedoch erreicht hatte, flatterte Kraab mit wildem Flügelschlag dem Zauberer vor das Gesicht. Blitzschnell hob der Zauberer seinen langen, dürren Zeigefinger und schickte einen zuckenden Blitz gegen den Vogel, worauf dieser in der Luft zu Stein erstarrte und sich nicht mehr regte.

Mit einer raschen Bewegung fuhr Pilwis herum, sein Blick durchbohrte Pfeifer, der Heli ebenfalls zu Hilfe eilen wollte. Wieder fuhr ein bläulich schimmernder Blitz aus der Hand des Zauberers. Sogleich fühlte Pfeifer sich von einer unsichtbaren Macht vom Boden weggerissen und mit immenser Kraft gegen die Mauer gedrückt. So sehr er sich auch bemühte, es gelang ihm nicht mehr, sich auch nur einen Fingerbreit zu bewegen.

Ein boshaftes Grinsen umspielte die Lippen des Magiers, während er sich nun wieder Heli zuwandte. Als er jedoch die Hände hob, um seine zerstörerischen Zauberblitze auch gegen sie zu richten, rief die Alte geschwind: "Tünjel feni lux!" Zischend und knisternd verpufften die Lichtstrahlen genau zwischen ihnen, ohne ihr Ziel zu erreichen.

„Ha, da hab ich ja eine würdige Gegnerin gefunden!" Pilwis kicherte böse. „Du glaubst doch nicht im Ernst, dass du es mit mir aufnehmen kannst, du alte Hexe!"

„Das sollten wir auf einen Versuch ankommen lassen", meinte Heli.

„Du lächerliche Alte, pack dich weg! Drei so kümmerliche Gestalten, wie ihr, werden doch nicht mein großes Werk zerstören. Ich stehe so kurz vor der Vollendung. Niemand wird mich jetzt noch aufhalten!"

„Dieses Werk besteht wohl darin, den Menschen Freude und Farbe zu stehlen, um deine eigene Macht zu stärken?"

„Das hast du ganz richtig erkannt. Aber sei doch mal ehrlich! Was bedeutet dieses bisschen Freude schon? Die Menschen machen doch nicht wirklich etwas Großes daraus. Gib ihnen ein wenig Wein und Musik und sie lachen und lallen. Na und? Aber ich, Magister Rachitus Pilwis, ich kann der Herr über die ganze Welt werden, wenn ich diese Kraft unter Kontrolle habe. Die Menschen haben seit jeher danach verlangt, geführt zu werden und waren auch bereit, hierfür ihren Preis zu bezahlen. Das war schon immer so und das wird auch immer so sein! Daran wirst auch du nichts ändern! Schon gar nicht, weil jetzt dein letztes Stündlein geschlagen hat!" Pilwis sprang auf Heli zu und fuhr mit seinen knochigen Fingern an ihren Hals, als wolle er sie erwürgen.

In Erwartung dieses Angriffes hatte sie jedoch bereits in ihre Tasche gegriffen, einige getrocknete Beeren der Eberesche herausgeholt und sie Pilwis ins Gesicht geschleudert. Durch die Wucht dieses mächtigen Abwehrzaubers warf es Pilwis zurück, er sackte stöhnend zu Boden und bedeckte sein Gesicht mit beiden Händen.

Im selben Augenblick fiel der magische Bann von Kraab und Pfeifer ab. Der Vogel schlug erregt mit den Schwingen, während der Musiker sich von der Wand löste. Sofort lief er auf den Steinsockel zu und griff zeitgleich mit Heli nach dem Ring. Im selben Augenblick, in dem sich ihrer beiden Finger um das Eisen schlossen, erhob sich mit einem Mal ein fürchterliches Grollen und Donnern; der Boden begann unter ihnen zu zittern und zu wanken und schließlich brachen die Steine auf. Es staubte und rauchte. Plötzlich tauchte aus einem tiefen, schwarzen Loch Albert Ein-Steins erdfarbene Mütze auf und seine schnarrende Stimme rief: „Hier ist der Ring! Ich hab es euch doch gleich gesagt." Er marschierte mit stolz erhobenem Haupt zu Heli und Pfeifer hin und hinter ihm schritt eine ganze Schar von Zwergen her, die ebenfalls alle aus dem Erdloch hervor gekommen waren. Kleine verwachsene Männlein, mit runzeligen Gesichtern, runden Bäuchen und krummen Beinen; in

ihren Händchen winzige Laternen haltend. „Der Ring der Freude!",
riefen sie, „Wir haben ihn endlich wieder gefunden!"

Alle umringten sie nun die beiden Menschen, die immer noch
den Ring in ihren Händen hielten. Als sich der Kreis der Zwerge
nun um Heli und Pfeifer schloss, bündelte sich das Licht aus all den
herumliegenden Kristallen zu einem einzigen hellen Strahl, der
durch den Ring hindurch in die Höhe fuhr. Mit lautem Getöse zerbarst nun das Schlossgebäude um sie herum. Steine, Mauerbrocken,
Giebel und Türmchen, Türflügel und Fensterkreuze, Stufen und
goldene Treppengeländer, alles, alles wurde weit in den nächtlichen
Himmel hinauf geschleudert und verschwand auf Nimmerwiedersehen. Der Lichtstrahl aber zerteilte sich in unzählige glitzernde
Sterne und fiel als bunter Funkenregen wieder auf die Erde herab.

Als einer dieser Sterne den immer noch am Boden liegenden Rachitus Pilwis am Kopf traf, entfuhr ihm ein fürchterlicher Schmer-
zensschrei. So schnell er konnte, erhob er sich, raffte seinen Mantel
zusammen und rannte, einen schrecklichen Fluch ausstoßend, davon. Überwältigt von den sich überschlagenen Ereignissen und
noch etwas starr vor Schreck blickten die Zurückgebliebenen ihm
nach. Bis heute weiß keiner wohin Pilwis gelaufen ist und niemand
kann sagen, wo er gerade jetzt sein Unwesen treibt.

Als sie sich von ihrem Staunen wieder erholt hatten, meldete
sich Alwin Ein-Stein, der alte Zwergen-Schmiedemeister zu Wort:

„Mein lieber Albert", sprach er und klopfte seinem Enkel auf die
Schulter, „du hast die dir auferlegten Prüfungen der Elemente mit
Bravour bestanden. Du hast Feuer, Wasser und Luft getrotzt und
uns außerdem zum Ring der Freude geführt. Deshalb darfst du von

nun an wieder in die Tiefen der Erde zur Gemeinschaft der Zwerge zurückkehren und selbstverständlich auch wieder die geschmiedeten Ringe polieren! Wir sind stolz auf dich! Sei willkommen!"

Die Zwergengemeinschaft warf nun laut johlend und jubelnd ihre Mützen in Luft und Albert murmelte mit schamroten Backen und einem peinlichen Lächeln: „Vielen Dank! Ich danke euch und ich verspreche auch, dass ich von nun an meine Arbeit sehr sorgfältig und pflichtbewusst ausführen werde!" Mit einem Seitenblick auf Kraab, der sich gerade wieder auf Helis Schulter niedergelassen hatte, zwinkerte er ein wenig und meinte: „Und wenn ich jetzt auch nichts mehr gegen Raben habe, bin ich doch froh, dass ich nicht mehr mit einem fliegen muss! Es ist eben alles relativ!"

„Aber was soll denn nun mit dem Ring der Freude geschehen? Nehmt ihr in wieder mit in die Unterwelt?", fragte Pfeifer.

„Das halte ich nicht für sinnvoll", antwortete Alwin. „Dort würde Rachitus Pilwis mit Sicherheit als erstes danach suchen. Und zauberkundig, wie er ist, dürfte es ihm auch gelingen, sich in allen möglichen Gestalten an unsere Schmiedefeuer zu schleichen. Deshalb musst du, Heli, den Ring mit dir nehmen. Es liegt in deiner Verantwortung, ihn so zu verbergen, dass niemand ihn je wieder finden kann."

Bald darauf sagten Heli, Pfeifer und Kraab also Lebe Wohl zu Albert und seiner Zwergenschar und machten sich auf den Heimweg. Nachdem sie die steile Schlucht hinabgestiegen waren, hörten sie schon in der Ferne lautes Singen und Lachen und als sie dem gewundenen Weg am Fluss wieder zurück folgten, begegneten ihnen eine Schar fröhlicher Menschen, die ihnen zuwinkten und sie auf ein Fest einluden.

Sie wurden auf eine große Wiese geführt, auf der viele Gäste an reich gedeckten Tischen saßen und sich Speis' und Trank munden ließen. Musik und Lieder erklangen, junge Burschen und Mädchen fingen an zu tanzen, Kinder und Alte klatschten fröhlich in die Hände. Vom Rhythmus ergriffen, fasste Pfeifer in seine Tasche, holte seine Flöte hervor und fiel in die Melodie mit ein. Aber während er sein fröhliches Tanzlied spielte, fühlte er sich plötzlich beobachtet. Er wandte sich zur Seite und da blickte er in zwei große, rehbraune Augen, welche ihn, umrahmt von dunklen Locken, aus einem wunderschönen Gesicht heraus anstrahlten. Irgendwie kam ihm dieses Mädchen bekannt vor. Er hatte sie doch schon irgendwann einmal gesehen. Aber ja, in seinem Traum! Es war das Mädchen, das er weinen sah. Pfeifer lächelte zurück und im selben Moment, als ihre Blicke sich trafen, wusste er, dass er von nun an seine Lieder nur noch für sie spielen würde.


Heli hatte sich ein wenig abseits von der fröhlich feiernden Menge niedergesetzt. Kraab saß auf ihrer Schulter. „Nun, mein Freund", sagte sie, „das war ein großes Abenteuer – nicht wahr? Hoffentlich bleiben die Menschen nun für lange Zeit von Rachitus Pilwis verschont."

Während der Rabe sich mit einem krächzenden Laut der Zustimmung in die Lüfte schwang, erhob sich auch Heli und verließ, ohne ein Wort des Abschieds, das Fest.

*\*\**

Einige Zeit später saß sie wieder in ihrem alten, zerschlissenen Lehnstuhl in ihrer kleinen Hütte vor dem knisternden Feuer des Kamins. Den Ring der Freude hatte sie nicht mehr bei sich. Der ziert seit damals die Tür eines Hauses irgendwo in den versteckten Winkeln einer kleinen Stadt am grünen Fluss. Niemand weiß welche, damit Magister Rachitus Pilwis, egal welche Gestalt er auch annehmen mag, ihn nie wieder findet. Die alte, weise Heli hat dieses Geheimnis bereits vor langer, langer Zeit mit in ihr stilles Grab genommen.

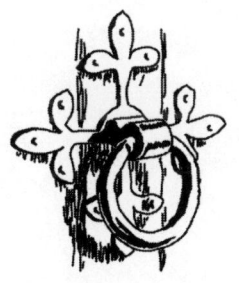

# Die wilde Schifffahrt auf dem Inn

er Schorsch war ein junger Kerl, ...

… der vor langer Zeit hier am Inn lebte. Er war der einzige Sohn eines Schiffbauers, der sich mit viel Fleiß und Ausdauer einen bescheidenen Wohlstand erarbeitet hatte. Die Mutter war schon gestorben, als der Schorsch noch sehr klein war und so war das vielleicht der Grund, warum der Vater ihm immer ein wenig zu viel nachsah. „Der Bub wird schon noch werden!", so sagte er immer nur, wenn die Leute ihm zutrugen, dass der Schorsch keine Wirtshausrauferei ausließ oder schon wieder einmal das Herz eines jungen Mädchens gebrochen hatte.

Aber irgendwie hatte es den Anschein, als ob der Schorsch nicht so richtig werden wollte, zumindest wollte er nichts davon wissen, beim Vater richtig mitzuarbeiten, ein gegebenes Verlobungsversprechen zu halten oder ab und zu auch einmal eine Maß Bier oder eine Flasche Schnaps stehen zu lassen.

„Wenn der Alte irgendwann einmal die Augen für immer schließt, wird der Schorsch das Erbe durchgebracht haben, ehe die Leiche kalt ist." Ja, so redeten die Leute. Aber den Schorsch kümmerte das nicht. Zumindest nicht nach außen hin. Er war ja im Grunde seines Herzens kein schlechter Kerl, nein, das dürft ihr nicht glauben. Aber er war halt auch keiner, der sich um die Pflichten und Lasten des Lebens groß kümmerte. „Warum soll ich meine Jugendzeit mit Arbeit vergeuden?", dachte er sich.

Insgeheim jedoch, da träumte er schon davon, dass er einmal allen so richtig zeigen würde, was in ihm steckte. Eines Tages, da würde er, der Schorsch, hinaus in die weite Welt gehen und die anderen, die würden erst wieder von ihm hören, wenn er große Verdienste errungen hätte oder steinreich geworden wäre. Jedes Mal, wenn der Schorsch im Wirtshaus schon ein wenig über den Durst getrunken hatte, dann erzählte er jedem, ob er es hören wollte oder nicht, von seinen großen Träumen und so kam es, dass er ihn im Lauf der Zeit niemand mehr so richtig ernst nahm. „Ist schon Recht, Schorsch", hieß es dann. „Red' nur! Aber jetzt trinken wir erst noch mal eine Maß!"

Genauso war das auch an diesem besonderen Abend im Winter. Es war ein, zwei Tage nach Weihnachten. Der Schorsch hatte wieder einmal tüchtig getrunken, wie seine Saufkumpane auch und wie so oft, führte ihnen allen bald schon der Rausch das Mundwerk: „Ihr werdet es schon noch sehen!" Der Schorsch lallte bereits ein wenig. „Irgendwann bin ich weg und dann schick ich euch ein Telegramm aus Amerika oder Afrika oder sonst wo her. Da werdet Ihr schau'n! Aber jetzt geh ich erst mal heim und schlaf mich aus!"

„Ja, ja, Schorsch, das wissen wir jetzt schon! Irgendwann! Haha! Jetzt pass aber bloß auf, dass dich die wilde Schifffahrt nicht mitnimmt. Dann bist schneller fort, als du glaubst. Es ist Raunacht!"

Die Männer im Wirtshaus lachten noch und klopften sich vor Freude auf die Schenkel, als der Schorsch sich seinen Lodenmantel griff und durch die Türe hinaus torkelte.

Es war eine kalte, feuchte Nacht. Weiße Nebelschwaden stiegen aus den Fluten des Inns auf. Eine bleiche Mondsichel schickte ab und zu ihr fahles Licht durch aufgerissene Wolkenfetzen hindurch. Den Schorsch fröstelte. Er zog die Schultern hoch, steckte seine Hände etwas tiefer in die Taschen und ging ein wenig schneller. Er war ja schon oft diesen Weg am Ufer entlang vom Wirtshaus bis zum Anwesen seines Vaters gegangen. Aber jetzt erschien ihm alles irgendwie besonders unheimlich. Eine seltsame Stimmung war das heute Nacht. Vom Fluss herauf gluckste und gurgelte es. Der Nebel war jetzt so dicht, dass der nächtliche Wanderer kaum mehr die Hand vor Augen sah.

Plötzlich schien es ihm so, als höre er Geräusche und Stimmen aus den wabernden Schwaden heraus, so als ob dort ein Schiff fahren und jemand Befehle rufen würde. Im Näherkommen lichtete sich der Nebel jetzt mehr und mehr, löste sich nach und nach auf und was der Schorsch jetzt sah, ließ ihn fast an seinem Verstand zweifeln. Das konnte doch nicht sein. So viel hatte er doch nun wirklich nicht getrunken. Er schüttelte den Kopf, zwinkerte mit den Augen. Aber tatsächlich, er hatte sich nicht getäuscht. Direkt vor ihm auf dem Fluss lag ein großes Schiff, von dem aus ein hölzernen Steg ans Ufer gelegt war. Und von dort aus wanderte ein langer Zug von Männern, gehüllt in dunkle Umhänge, mit schweren Säcken auf ihren Rücken, auf das Schiff hinauf. Still und stumm wanderte die Prozession die Holzplanke hinauf und einer nach dem anderen verschwand im Inneren des Schiffes. Licht drang durch die kleinen Luken nach draußen und Schorsch hörte das Reden und Lachen von tiefen Männerstimmen und im Hintergrund das lustige Spiel eines Akkordeons.

Was ging hier bloß vor sich?

Er war jetzt ganz dicht herangekommen, stand direkt hinter einem der Männer, der sich ebenfalls gerade anschickte, die Planke zu betreten. Schorsch hob die Hand und tippte ihm mit dem Finger auf die Schulter: „Was macht ihr denn da? Was ist denn das für ein Schiff?"

„Wir heuern an!", entgegnete der Fremde. Seine Stimme klang heiser, fast flüsterte er. „Das Schiff fährt über die Donau zum Schwarzen Meer. Dort gibt es einen solchen Reichtum an den Küsten, das kannst du dir gar nicht vorstellen. Jeder, der einmal dort war, ist für sein Leben ein gemachter Mann. Mein Bruder hat von dort ganze Kisten mit Gold und Edelsteinen heim gebracht. Dort ist noch genug davon und es wartet alles nur darauf, dass es einer holt. Willst nicht auch mitkommen?"

Dem Schorsch schlug das Herz vor Aufregung bis zum Hals. Sollte das die Gelegenheit sein, auf die er schon so lange gewartet hatte? Er hatte es ja immer schon gewusst. Jetzt war es also so weit. Das Glück war auf seiner Seite.

Ohne lange zu zögern oder auch nur einen Augenblick lang darüber nachzudenken, wie das Schiff und die ganzen fremden Männer in dieser einsamen Winternacht hierher gekommen waren, und wie seltsam die ganze Geschichte doch klang, tappte Schorsch nun hinter all den finsteren Gestalten den Steg hinauf.

Im Inneren des Schiffes brannten zwei, drei kleine Öllampen, in deren flackerndem Schein die Männer auf einer hölzernen Bank saßen, die an der Schiffswand entlang führte. Sie schwatzten und lachten, tranken Schnaps aus Flaschen, die von Hand zu Hand gingen und der eine oder andere von ihnen fiel mit rauer Stimme in die Melodie ein, die der Akkordeonspieler anstimmte. Alle hatten gute Laune und schienen sich auf das große Abenteuer, das vor ihnen lag, mächtig zu freuen. In der Mitte des Raumes befand sich ein Tisch an dem ein in einen schwarzen Kapuzenumhang gehüllter, alter Mann saß, in der Hand eine Feder, vor sich ebenfalls eine Flasche Schnaps, ein Tintenfass und ein Stapel mit Papieren. Er winkte einen nach dem anderen der Neuankömmlinge zu sich heran, schob ihnen eines der Pergamente hin, reichte ihnen die Feder und deutete mit seinem dürren Zeigefinger an die Stelle, an der die Unterschrift zu erfolgen hatte. „Da!", raunte er jedes Mal. „Da unterschreib', dann bist dabei!"

Schließlich war die Reihe am Schorsch. Er trat näher an den Tisch heran, besah sich einen Moment lang das Papier, das ihm untergeschoben wurde. Aber so sehr er sich auch bemühte, er konnte nicht lesen, was darauf stand. Zwar sah er einige merkwürdige Zeichen und Lettern, aber keine Buchstaben, keine Worte die er verstand und wenn er glaubte, eine Zeile ausmachen zu können, verschwamm ihm alles vor den Augen. „Jetzt mach schon!", brummte der Alte unter seiner Kapuze hervor. „Da warten schon andere. Da! Setz' den Namen hin, aber ein bisserl rasch!"

Schorsch griff nach der Feder und setzte sie an die angedeutete Stelle am Papier. Aber genau in diesem Augenblick überfiel ihn ein recht seltsames Gefühl. Jetzt plötzlich kam ihm doch alles sehr merkwürdig vor. Er hob noch einmal den Kopf, sah sich um, versuchte die Gesichter der Männer auf der Bank zu erkennen und da schien es ihm so, als ob er nur von verzerrten, scheußlichen Fratzen umgeben war. Das Herz schlug dem Schorsch bis zum Hals. Er beugte sich hinab zu dem Alten vor sich auf dem Stuhl, riss ihm die Kapuze vom Kopf und da grinste ihm auch schon ein bleicher Totenschädel mit leeren Augenhöhlen entgegen. Die Hand, die eben noch auf das Papier gezeigt hatte, war nicht von Fleisch und Haut umschlossen, sondern nur ein dürres Knochengerüst. Um den Schorsch herum erhob sich nun ein Raunen und Heulen; lautes, böses Kichern erklang; das Akkorden spielte einen wilden Hexentanz, immer schneller und schneller. Die Männer erhoben sich von der Bank und bewegten sich mit schlurfenden Geräuschen auf den Schorsch zu, dem das Blut nun fast in den Adern gefror. Er griff nach der Flasche und schwang sie drohend über seinem Kopf. Blitzschnell wandte er sich um und lief zur Tür. Mit einem Ruck riss er sie auf und wollte sich nach draußen stürzen, aber da griffen ihn schon gierig ausgestreckte Hände: „Da bleibst, du unterschreibst und fährst mit uns zum Schwarzen Meer! Das hast dir doch immer gewünscht – oder?"

Mit aller Kraft wehrte der Schorsch sich, trat mit den Füssen wild um sich, schlug auf unzählige Knochenhände ein, die ihn schon gepackt hatten und riss sich wieder los. Irgendwie schaffte er es schließlich nach draußen zu taumeln. Mit einem Satz sprang er über die Reling des Schiffes. Noch ehe die eiskalten Wogen des Inns über ihm zusammenschlugen, schwanden ihm schon vor Entsetzen die Sinne.

Der Schorsch musste in dieser Nacht einen sehr wachen Schutzengel gehabt haben. Am anderen Morgen fanden ihn einige Burschen aus dem Dorf immer noch besinnungslos und tropfnass am Ufer liegend. Seine Hand umklammerte mit aller Kraft eine Flasche Selbstgebrannten.

So lange der Schorsch lebte, hat er nie einer Menschenseele von seiner unheimlichen Begegnung mit der wilden Schifffahrt in jener unseligen Raunacht erzählt. Aber seither war er wie ausgewechselt. Nachdem er sich soweit wieder erholt hatte, fing er gleich an im väterlichen Betrieb mitzuarbeiten, den er nach dem Tod seines Vaters in vorbildlicher Weise weiterführte. Er heiratete ein fesches, blondes Mädchen aus der Nachbarschaft, gründete eine Familie und machte von nun an und für alle Zeiten um jedes Wirtshaus einen weiten Bogen.

# Raunacht am Kreuzweg

In der alten Zeit ...

... da glaubte man auch in unserer Gegend, dass es während der zwölf Rau- oder Losnächte – wie die geheimnisvollen, heiligen Nächte zwischen den Jahren auch genannt werden – möglich sei, Verbindung mit der Geisterwelt aufzunehmen und, dass die Wesen aus dem Jenseits auch in der Lage wären, uns die Zukunft zu prophezeien.

Besonders die Thomasnacht, die Heilige Nacht und die Nacht zu den Heiligen Drei Königen waren für all diejenigen, die mehr erfahren und erfragen wollten, von großer Bedeutung. Denn in diesen Nächten, so sagte man, wären die Grenzen zwischen den Welten durchlässiger, als in anderen und die Geister besonders mitteilsam. Dieses Wissen nutzten einige, um ihre Neugierde auf das Kommende zu befriedigen, während andere, ängstlichere Naturen, versuchten, sich durch entsprechende Abwehrzauber zu schützen.

Nun lebte einmal hier am Inn ein reicher Bauer, ein recht boshafter und jähzorniger Kerl. Ihm war nichts heilig. Seine Frau hatte nichts zu lachen mit ihm, schon gar nicht, weil sie eine war, die gerne in der Stille lauschte, die nach Innen schaute und die sich an die Gebote der Naturgeister hielt.

Tagtäglich stellte sie kleine Schüsseln, gefüllt mit allerlei Nahrhaftem, für das Kleine Volk an die Türschwelle und jedes Jahr um die Weihnachtszeit hielt sie Speis' und Trank für die Frau Percht und ihre seligen Heimchen bereit, sollte die hohe Frau einmal mit ihrem festlichen Zug am Hof vorüber fahren. Ja, nicht einmal im Traum wäre es ihr eingefallen, während der Raunächte Wäsche zu waschen oder gar nach draußen in den kalten Eiswind zu hängen – viel zu sehr fürchtete sie die bellenden Hunde des schwarzen Reiters und viel zu groß war ihre Angst, der Wode selbst würde ihrer habhaft werden.

„G'spinnertes Weiberleid, du mit deinem dummen Aberglauben!", polterte der Bauer jedes Mal, wenn er sah, dass sie wieder mit einem Räucherpfandl von Kammer zu Kammer und sogar durch den Kuhstall zog, um die bösen Geister zu vertreiben. Und seine Wutanfälle, wenn er ihr vorwarf, sein Hab und Gut zu verschwenden, wenn sie die Schüsseln fürs Kleine Volk füllte, waren schier gar unbeschreiblich.


Ja, sie machte einiges mit, die junge Bäuerin mit dem alten Griesgram, zumal er es ihr auch nicht nachsehen konnte, wie gut sie mit den Tieren auf dem Hof umging. Für ihn war das alles nur Nutzvieh, das der Mehrung des eigenen Gewinnes zu dienen hatte und nichts weiter. Was ein Tier fühlte oder litt, war ihm völlig einerlei.

Für die junge Frau aber hatte jedes Lebewesen seine eigene Seele und so sprach sie mit dem Hofhund, den Katzen und den Kälbchen und tatsächlich schien es so, als würden die Kühe, seit sie auf dem Hof war, noch mehr Milch geben, als zu vor.

Das hätte der Bauer aber um nichts in der Welt zugegeben und so polterte und schimpfte er immer weiter, weil es ihm eh keiner Recht machen konnte.

Manchmal, wenn die Bäuerin am Abend nach dem Melken im Stall saß und ihrer Lieblingskuh die Stirn streichelte, dann seufzte sie tief und schwer vor Kummer und dann dachte sie an den

Johann. Ja, wie anders wäre wohl ihr Leben verlaufen, wenn sie ihm damals keinen Korb gegeben hätte.

Aber in der Zeit, da hatte sie freilich auch ein wenig ans Geld und an ihr Auskommen gedacht und es hatte ihr geschmeichelt, dass der reichste Bauer der ganzen Gegend um sie warb. Nun war es zu spät. Jetzt war sie Bäuerin hier auf dem Hof und musste das Beste daraus machen.

Eines Abends im Winter, als sie gerade wieder einmal so gedankenverloren auf einem Heuballen saß und die Kuh mit ihrer warmen rauen Zunge über ihre Hand leckte, kam wutentbrannt der Bauer zur Stalltüre herein. Sie sah gleich an seinem hochroten Gesicht, dass er wieder ordentlich getrunken hatte. In der Hand hielt er ein kleines Schälchen mit wenigen Essensresten darin – kaum der Rede wert. Er aber brüllte aus Leibeskräften: „Da! Was ist das?" Und während er so schrie, hielt er ihr die Schüssel unters Gesicht. „Was ist das – ha? Hab ich dir nicht schon hundert Mal gesagt, du sollst mein Zeug nicht verschwenden für deinen dummen Aberglauben! Du wirst wohl nie gescheiter – ha? Kein Wunder, dass aus den deinigen nie was geworden ist. Wenn ich das früher gewusst hätte', so eine hätte ich mir nicht auf den Hof geholt!"

„Aber das ist kein Unsinn! Es ist doch für die Kleinen Leute, die tun doch auch was für uns. Merkst du denn das nicht, dass wir das denen zu verdanken haben, dass es uns immer besser geht?"

„Die Kleinen Leute – ha, das ich nicht lach! Das ist was für die Dummen, die an so was glauben! Uns geht es gut, weil ich so viel arbeite und nicht, weil uns irgendwer die Schlüsseln leer frisst."

„Ich bitte dich, versündige dich nicht!", sagte sie. „Du wirst noch Unglück über dich und den Hof bringen, wenn du so redest. Grad jetzt, während der Raunächte, darfst du so was nicht sagen!"

„Ach was – Raunächte! Du glaubst vielleicht auch noch den Schmarren mit den Prophezeiungen draußen am Kreuzweg – oder?"

„Ja, freilich glaub ich das. Warum auch nicht? Es haben ja schon genug Leute davon erzählt!"

„Ja, ja, was die Leute erzählen. Dir kann man ja alles auf die Nase binden, dummes Weib! Willst du denn gar nicht gescheiter werden? Ich werde dir beweisen, dass das alles nur Blödsinn ist. In der Nacht auf Heilig Drei König, da geh ich selber raus auf die Kreuzung und nimm einen Spiegel mit, dann werden wir ja sehen, dass gar nichts dabei raus kommt. Und wenn du dich traust, dann kannst ja mitgehen!"

Was immer die Frau auch in den nächsten Tagen unternahm, um ihren Mann von seinem unglückseligen Plan abzubringen, es zeigte keinen Erfolg. Der Bauer hatte es sich in den Kopf gesetzt und so ließ er es sich nicht mehr ausreden. Die Feiertage zogen in banger Erwartung vorüber. Und schließlich brach der 5. Januar an. Den ganzen Tag über aß und trank der Bauer nichts, wusch sich nicht und machte vor allem auch kein Kreuzzeichen, denn alles das, hätte den Zauber ja von vornherein zerschlagen können und da wollte er sich nichts nachsagen lassen. Die Frau beobachtete wortlos sein Treiben, ging dann in den Stall hinaus und füllte ein kleines Säckchen mit Heu.

Als es Nacht wurde zogen die beiden ihre Mäntel an. Die Frau nahm das Heusäckchen an sich, worauf er mit einem spöttischen Lächeln um die Lippen brummelte: „Kannst es nicht lassen, was? Aber heute Nacht wirst du schon sehen, dass das alles nur Aberglaube ist! Dann will ich aber keine Schälchen mehr an der Türschwelle stehen  sehen und wehe dir, du gehst noch einmal mit einem Räucherpfandl durch das Haus!" Dann steckte er einen kleinen, silbernen Spiegel in seine Westentasche. Als es von der Kirche her Mitternacht schlug, machten die beiden sich auf ihren unheimlichen Weg.

Es war bitterkalt in dieser Nacht. Licht mussten sie keines mit sich tragen, der volle Mond beleuchtete vom sternenübersäten Himmel herab die verschneite Ebene, die vor ihnen lag. Nur ab und zu zog ein kleines Wolkenfeld vorüber und erschwerte ihnen für einen kurzen Augenblick die Sicht. Hin und wieder hörten sie ein Käuzchen schreien; ab und an einen Hund auf einen fernen Hof bellen, aber sonst war es still, totenstill, bis auf das Knirschen des Schnees unter ihren Stiefeln.

Endlich waren sie am Kreuzweg angekommen. Der Bauer stellte sich genau in die Mitte der sich dort überschneidenden Pfade. Seine Frau hielt sich ein wenig abseits, öffnete das Säckchen mit dem Heu, streute es zu einem Kreis aus und stellte sich hinein. Während sie nun zitternd wartete, zog er aus der Tasche den kleinen Spiegel hervor und hielt ihn genauso vor sich hin, dass er auf der blanken Fläche, hinter seinem eigenen Gesicht, das volle Rund des Mondes zu sehen bekam.

Eine ganze Weile geschah gar nichts. Höhnisch grinsend wandte er sich seiner Frau zu, die schlotternd in ihrem Kreis stand und wollte gerade sagen: „Na, hab ich es nicht gewusst?" Im selben Augenblick jedoch erhob sich ein Heulen und Jaulen, ein Hufgetrappel und das Wiehern von Pferden. Das Gesicht des Bauern wurde starr vor Schreck. Kreidebleich, mit weit aufgerissenen Augen und einem zum stummen Schrei geöffneten Mund, blickte er zum Himmel hinauf, gerade so, als würde er dort oben etwas Fürchterliches sehen. Die Frau aber wurde nun von weißen Nebelschwaden eingehüllt, die immer dichter und dichter wurden. Ein Wind kam auf, der so an ihr zerrte, dass sie fürchtete, aus ihrem Schutzkreis gerissen zu werden.

„Was ist mit dir? Was siehst du?", rief sie. Aber das Sausen und Brausen wurde immer lauter und lauter, schließlich sah sie schemenhaft, wie ihr Mann von einer riesigen Kraft von den Beinen gerissen und zu Boden geworfen wurde. Dann war es plötzlich wieder still. Das Hufgetrappel, das Wiehern und Heulen erstarb, der Nebel löste sich auf, der Wind legte sich und bald schon schien der gütige Mond wieder auf das silbern glitzernde Schneefeld, als wäre nie etwas gewesen.

Nachdem sie ganz sicher war, dass der Spuk vorbei war, verließ die Frau ihren Kreis, lief zu dem Mann hinüber, der besinnungslos am Boden lag und beugte sich zu ihm hinab. Als sie ihn ansah, blieb ihr fast das Herz stehen vor Schreck. In dieser kurzen Zeit schien er um Jahre gealtert, die Haare standen ihm zu Berge, tiefe Furchen hatten sich in sein Gesicht gegraben.

Ohne auch nur einen Laut von sich zu geben, ließ er sich von seiner Frau auf die Beine helfen und nach Hause bringen. So sehr die Bäuerin auch auf eine Erklärung hoffte, es kam kein Wort über seine Lippen, was die Ereignisse jener unglückseligen Nacht betraf.

Aber eines Tages, es war am Ende des Winters, da konnte er sein dunkles Geheimnis doch nicht mehr länger für sich behalten. Der Bauer saß im Wirtshaus, hatte vielleicht schon die eine oder andere Maß zu viel getrunken und das löste schließlich seine Zunge.

„Stell dir vor, was ich gesehen habe in der Raunacht draußen auf dem Kreuzweg." Er beugte sich zu seinem Spezl hinüber und flüsterte ihm ins Ohr. „Ich hab einen Leichenzug gesehen. Eine Kapelle hat einen Trauermarsch gespielt und acht schwarze Pferde haben einen Sarg gezogen. Aber dann hat sich die Trauermusik immer mehr in eine lustige Weise verwandelt und auf einmal war da eine Hochzeitsgesellschaft, recht lustig und ausgelassen. Wenn das wirklich stimmt, dass man in einer solchen Nacht die Zukunft sieht, dann wird meine Frau nicht mehr lange leben und ich werde wohl bald eine neue Bäuerin heimführen."

Er lehrte seinen Maßkrug in einem Zug, wischte sich mit dem Ärmel über den Mund. Dann schlüpfte er – ein wenig wankend – in seinen Lodenmantel und machte sich auf den Heimweg.

Niemand kann sagen, was in dieser Nacht wirklich geschehen ist. Aber irgendwie muss der Bauer in seinem Rausch über eine Wurzel gestolpert sein. Jedenfalls ist er mit dem Kopf recht unglücklich auf einen Stein geschlagen und ist bis zum anderen Morgen bewusstlos liegen geblieben. Holzknechte haben ihn schließlich gefunden und zu seinem Hof getragen. Seine Frau hat ihn etliche

Wochen lang sehr aufopfernd gepflegt, aber trotzdem ist er nicht mehr gesund geworden. Eines Tages, der letzte Schnee war noch nicht ganz geschmolzen, hat der Bauer dann doch für immer die Augen zugemacht.

Ja, und übers Jahr, im nächsten Frühjahr war es dann, da hat seine Witwe Hochzeit gefeiert, mit ihrem Johann nämlich und mit dem – so haben zumindest die Leute erzählt – ist sie auch bis ins hohe Alter sehr glücklich geworden. Die Schalen fürs Kleine Volk und den Gabentisch für die Frau Percht zur Weihnacht haben die beiden aber bis zu ihrem Tod immer gemeinsam gefüllt.

# Frau Percht's Fluch

amals, in einer Zeit ...

… in der die meisten Menschen sich noch darauf verstanden, die Sonntagspredigten des Pfarrers mit den allgültigen Gesetzen der Großen Mutter in Einklang zu bringen, befand sich in Wasserburg, dort, wo Schuster- und Färbergasse aufeinandertreffen, eine kleine Schneiderstube.

Sie gehörte einer Witwe, die sich aufs Beste darauf verstand, die feinsten und edelsten Wäsche- und Kleidungsstücke herzustellen. Wer bei ihr arbeiten durfte, musste eine begnadete Schneiderin sein und die jungen Mädchen, die dort in die Lehre gehen durften, betrachteten dies als große Ehre. Nur begüterte Eltern konnten es sich leisten, das von der Schneidermeisterin geforderte Lehrgeld aufzubringen.

So traf es einmal zu, dass die Tochter eines wohlhabenden Händlers in dieser Schneiderwerkstatt ihre Ausbildung antrat. Sie war recht geschickt im Umgang mit Nadel und Faden und auch sonst sehr klug und umsichtig. Aber vielleicht war das ja gerade ihr Fehler, denn ihre rasche Auffassungsgabe ließ sie mitunter etwas vorlaut reagieren und zu den Helferinnen in der Schneiderei oder den Wäscherinnen, die jeden Tag kamen, um die fertiggestellten Sachen zur Reinigung oder zum Plätten abzuholen, war sie herrisch und herablassend im Ton.

Die Meisterin bemerkte das sehr wohl, aber sie dachte bei sich: „Die wird sich schon noch fangen." Und so ließ sie das Mädchen erst einmal gewähren, ohne ihm die Grenzen aufzuzeigen.


Jedes Jahr in den Wochen vor Weihnachten hatte man in der Nähstube alle Hände voll zu tun. Nicht nur, dass jede Bürgersfamilie in Wasserburg, die etwas auf sich hielt, zu den Festtagen neue Kleidung für die ganze Familie in Auftrag gab. Nein, es war auch, weil – wie ja damals jeder wusste – rechtzeitig vor den Heiligen Nächten alle Arbeiten fertig gestellt sein mussten. Kein halbvernähtes Tuch, kein zugeschnittener Stoff, kein offener Hosensaum, keine unfertige Arbeit durfte über die Raunächte liegenbleiben, denn das hätte Folgen für das Neue Jahr haben können, die keiner auf sich nehmen wollte.

So saßen also die fleißigen Schneiderinnen in der warmen Stube, während draußen ein eisiger Winterwind durch die Gassen der Stadt pfiff und dicke Schneeflocken vor sich her trieb, die Köpfe tief über ihre Arbeiten geneigt und nähten sich die Finger wund.

Die kleinen Öllämpchen flackerten, im Kamin prasselte das Feuer und so fingen schließlich die Alten unter ihnen an, Geschichten zu erzählen. All diese Geschichten aus längst vergangenen Zeiten, die sie selbst zwar nicht erlebt hatten, aber von denen ihre Großmütter und Urgroßmütter erzählt hatten. Und genauso, wie sie diese Geschichten gehört hatten, gaben sie sie jetzt weiter und berichteten von all den wundersamen Begebenheiten und Erscheinungen während der Raunächte.

Vom schwarzen Wode und seinem unheimlichen Gefolge, das mit lautem Heulen und Krachen vom wolkenverhangenen Himmel herab fuhr war da zu hören, von der wilden Schifffahrt auf dem Inn, von segensreichen Himmelwesen und listigen Erdgeistern. Die Frauen erzählten aber auch von der Percht, die damals selbst noch mit ihren seligen Heimchen in den dunklen Winternächten auf die Erde kam, um nach dem Rechten zu sehen, von all den Ge- und Verboten der Weisen Frau, von den Sitten und Bräuchen, die sich daher abgeleitet hatten und davon, wie gefährlich und folgenschwer es war, sich über diese Gesetze hinwegzusetzen.

Die Jüngeren lauschten gespannt mit offenen Ohren und roten Wangen – alle, bis auf eine: Das neue Lehrmädchen verzog spöttisch das Gesicht, während es gerade einen neuen Faden mit seiner Zunge befeuchtete, ehe es ihn durch das enge Nadelöhr schob. „Ach, Ihr mit eurem alten Aberglauben. Wer glaubt denn heute noch so etwas? Lasst euch doch nicht auslachen! Was würde denn schon passieren, wenn ich meine Wäsche einfach draußen hängen ließe – hä?"

„Du, hüte dein Mundwerk! So darfst nicht reden!", rief eine der Älteren erbost.

„Wer sollte mich denn daran hindern – deine Heilige Frau vielleicht, oder wer? Dass ich nicht lache!"

„Jetzt ist aber Ruhe!", rief die Meisterin energisch, ehe in der Stube ein richtiger Streit ausbrechen konnte. „Ihr seht jetzt alle zu, dass ihr mit der Arbeit fertig werdet! Ich will kein Wort mehr hören!"

Und so senkten alle schnell wieder ihre Gesichter über die Stoffe und arbeiteten flink weiter, ohne auch nur einen Ton von sich zu geben.


Es war Heiliger Abend. Draußen war es schon finster geworden, als endlich der letzte Kreuzstich gestickt und der letzte Lochsaum vernäht war. Alle Kundinnen hatten die bestellten Arbeiten bereits abgeholt. Nur ein Kleid war am Ende übrig geblieben. Ein wunderschönes Kleid von himmelblauer Farbe mit kostbarsten Stickereien darauf. „Na, dann wird das wohl Zeit haben, bis nach den Festtagen", sagte die Meisterin, faltete es sorgfältig zusammen und legte es in die große, hölzerne Truhe, in der die fertigen Stücke auf ihre Abholungen warteten.

Wie jedes Jahr an Weihnachten gab die Meisterin jetzt noch einer jeden ihrer Helferinnen ein kleines Säckchen mit Äpfeln, Nüssen und einem Stück Speck darin für die Feiertage. Nachdem sich alle gegenseitig ein schönes Fest gewünscht hatten, verabschiedeten sie sich voneinander, wickelten sich in ihre warmen Wolltücher, ehe sie durch den frostigen Wintersturm nach Hause zu ihren Familien huschten.

Auch die Meisterin selbst hatte es eilig. Draußen wartete schon eine Pferdekutsche, die sie geschwind zu ihrer Schwester bringen sollte, die in Attel, in der Nähe des Klosters ein kleines Häuschen besaß und die dort schon mit dem Weihnachtsessen wartete.

So war die Werkstatt, bis auf das junge Lehrmädchen, bald verlassen. Die Jüngste hatte noch die Aufgabe, herumliegende Nadeln aufzuheben, Tücher zusammenzulegen, den Boden zu fegen, schließlich alle Lichter zu löschen und die Türen sorgfältig zu versperren.

Das Mädchen beeilte sich, schließlich wollte es auch bald daheim sein. Dort wartete schon die Mutter mit der Suppe und den gebratenen Schweinswürstl mit Kraut, die immer zur Weihnacht auf den Tisch kamen. Danach würde es die Bescherung geben, unter dem großen, mit rotbackigen Winteräpfeln und selbst gebastelten Strohsternen geschmückten Tannenbaum, den der Vater jedes Jahr aus dem Wald holen ließ.

In freudiger Erwartung fuhr es mit energischen Besenstrichen über den Holzboden, als es plötzlich laut an der Tür pochte.

„Es ist niemand mehr da!", rief das Mädchen.

„Ach, bitte, mach mir auf! Ich brauche so dringend mein Kleid, das ich bestellt habe!"

So ging also das Mädchen zur Tür und öffnete.

Draußen stand eine hochgewachsene, edle Frau. Das Mädchen konnte ihr Gesicht nicht richtig erkennen, ein wollenes Tuch, das die Dame über ihr Haar gelegt hatte, warf einen dunklen Schatten darauf.

„Die Meisterin ist aber schon gegangen!"

„Das macht doch nichts, gib du mir doch das Kleid! Du weißt schon, welches ich meine. Das Blaue, geh' und hole es mir, mach schnell!"

Und so öffnete das Mädchen die alte Holztruhe und nahm das festliche Gewand heraus.

Als die Frau es jedoch in die Hände nahm und im Schein der Öl- lampe ein wenig hin und herdrehte, um es prüfend zu betrachten, rief sie plötzlich: „Aber da! Da sind ja noch Flecken auf dem Stoff, das ist ja noch gar nicht gewaschen!"

„Aber ich sagte doch schon, es ist niemand mehr hier, außerdem lässt die Meisterin nicht waschen während der Raunächte!"

„Sie hält sich also an die alten Gesetze, und du? Wie ist es mit dir, mein Kind? Hältst du dich auch daran?"

„Pah, alte Gesetze!", lachte das Mädchen, „wer wird denn noch an so was glauben! Das ist doch nur was für die Alten und die Dummen!"

„So, so", sagte die Fremde. „Na, wenn das so ist, dann wirst du mir das Kleid ja heute noch fertig machen können – oder nicht? Ich will dich auch dafür bezahlen." Sie zog aus ihrem samtenen Säcklein, das an ihrem Gürtel baumelte, einige Goldmünzen hervor. „Ich bleib schon nichts schuldig." Und wie sie das sagte, da lachte sie ein wenig seltsam, so, als meine sie damit etwas ganz anderes. „Ich bin noch nie jemand etwas schuldig geblieben, mein Kind! Morgen um die Mittagszeit komme ich wieder hierher und hole es ab!"

So nahm das Mädchen also das Kleid und machte sich geschwind auf den Weg hinüber in die Wäscherei. „Was für ein Glück, dass noch jemand da ist", rief sie, als sie die Waschküche betrat und noch einige Wäscherinnen antraf, die sich nun anschickten, nach Hause zu ihren Familien zu gehen, nachdem sie sauber gemacht und gerade die letzten Waschbottiche umgedreht hatten.

So sehr sich das junge Lehrmädchen nun auch bemühte, wenigstens eine der Frauen dazu zu überreden, das Kleid zu waschen und aufzuhängen, es wollte sich keine finden, die am Vorabend zur Heiligen Nacht noch bereit war, dies zu tun.

„Es ist Raunacht! Wo denkst du denn hin? Da wird nichts mehr gewaschen und schon gar nicht zum Trocknen aufgehängt! Außerdem ist kein heißes Wasser mehr im Kessel und die Bottiche sind alle schon trocken gewischt. Das muss jetzt warten bis nach den Feiertagen."

Aber die Junge dachte an die Belohnung und wollte den Frauen zeigen, wie dumm und abergläubisch sie alle waren. So drehte sie sich mit einem Fluch auf den Lippen um und lief mit dem Kleid hinunter zum Innufer. Und während sich das Läuten der Glocken von St. Jakob über der Stadt erhob, tauchte sie es eigenhändig in das eiskalte Wasser hinein. Als sie es jedoch gerade wieder aus den Fluten ziehen wollte, da begann vor ihren Augen der Fluss plötzlich die Strömungsrichtung zu verändern. Es bildete sich ein Wirbel, in dem sich das Wasser immer schneller und schneller zu drehen begann. Auf einmal erschien in diesem Wirbel das Bild einer Frau, deren Gesicht düster und sehr zornig aussah. Es verwandelte sich zusehends immer mehr in eine scheußliche, furchterregende Grimasse, wie die eines Dämons, mit glühenden Augen und weit aufgerissenem, hassverzerrtem Mund und diese Fratze schien nun geradewegs aus den Wogen herauszubrechen.

Das Mädchen erschrak fast zu Tode. Mit einer Hand schlug sie sich auf den Mund, um den Schrei, der ihr gerade aus der Kehle fahren wollte, zu unterdrücken; mit der anderen Hand fasste sie das Kleid und rannte, so schnell sie konnte, zurück in die Schneiderwerkstatt.

Ihr Herz klopfte bis zum Hals, der Atem brannte in ihren Lungen. Trotzdem hängte sie das Kleid noch schnell über den Ofen, der noch ein wenig Restwärme abstrahlte, ehe sie sich eiligst auf den Weg nach Hause machte.

„Aber, mein liebes Kind, wie siehst du denn aus?", fragte die Mutter besorgt, als sie ihre Tochter bleich, zitternd und völlig außer Atem vor der Tür stehen sah.

Wie das Mädchen jedoch den Mund öffnete, um von seinem unheimlichen Erlebnis zu berichten, kam kein Wort über seine Lippen. So sehr es sich auch bemühte: Nichts! Kein Laut, keine Silbe, ja nicht einmal ein Stammeln.

Die Eltern ließen sogleich nach dem Arzt rufen; aber auch der konnte keine Abhilfe schaffen.

Die junge Frau war und blieb stumm. Tausend Gedanken gingen ihr durch den Kopf, aber sie konnte sie nicht mitteilen. Niemand verstand sie mehr und nicht nur das. Im Laufe der Zeit waren alle davon überzeugt, dass sie den Verstand verloren hatte. Und so hörte schließlich jeder auf mit ihr zu sprechen.

Für die Stumme begann nun eine schlimme und einsame Zeit. Die Eltern fingen an, sich für sie zu schämen und wer sich anfangs noch bemühte, ihr etwas verständlich zu machen, stellte diese Bemühungen schließlich ein, weil er nie eine Antwort von ihr erhielt. Wer sollte denn schon ahnen, dass die Arme sehr wohl jedes Wort verstand, aber nicht in der Lage war, auch nur einen Laut von sich zu geben. Dass sie einen klaren und wachen Verstand besaß, eine Seele, die litt – aber keine Möglichkeit hatte, diese Gedanken und Gefühle in Worte zu kleiden?

So trug man ihr von nun an auch in der Schneiderei nur mehr die niedrigsten Arbeiten auf, beachtete sie kaum und nahm sie schließlich irgendwann gar nicht mehr wahr.

Und die junge Schneiderin tat stumm und verbittert ihren Dienst und wurde dieser nicht benötigt, so ging sie oft hinunter zum Innfluss, weil sie die Gemeinschaft mit den anderen, die so fröhlich und vergnügt waren, nicht mehr aushielt.

Denn dort am Ufer des grünen Flusses, wo ihr dieses schreckliche Unglück widerfahren war, spürte sie endlich einen inneren Frieden, nach dem sie sich so sehr sehnte. Sie vernahm das stille Lied der herabfallenden Schneeflocken, sah, wie am Ende des Winters Eis und Schnee schmolzen, die eisbedeckten Pfützen wieder auftauten, glitzernde Wassertropfen von Ästen und Zweigen herabfielen und sie hörte das Zwitschern der ersten Amsel im Geäst.

Und mit dem Eis schmolz schließlich auch ihre Verbitterung und sie begann zu verstehen, was ihr geschehen war. Ihre Lippen blieben verschlossen, aber ihr Herz, ihre Augen und ihre Ohren begannen sich zu öffnen und sie beobachtete gespannt den Lauf der Natur. Sie lauschte dem Plätschern der Wellen und dem wechselnden Gesang der Wogen. Als die ersten grünen Knospen aus dem Geäst trieben und zarte Blüten hervor brachen, da sog sie den Hauch des Frühlings und den süßen Duft der Blumen in sich auf und es schien ihr, als würde dies den Durst ihrer wunden Seele stillen. Es war ihr, als sähe sie zum erstem Mal in ihrem Leben die bunte Farbenpracht der Sommerblumen und der tanzenden Schmetterlinge. Der warme Wind streichelte ihr Gesicht und das Wispern der Gräser erzählte ihr traumhafte, geheime Dinge. Und schließlich brachte die Üppigkeit der rotgoldenen Herbstblätter ihre Augen zum Strahlen und sie freute sich am modrig-süßen Geruch der herbstlichen Erdenfeuchte.

Als nun endlich der Winter wieder kam, da saß sie, unbeachtet von den anderen Schneiderinnen, in der Werkstatt und lauschte den alten Geschichten mit ihrem ganzen Herzen.

Mit einem Mal begann sie die Wahrheit hinter den Dingen zu verstehen, die Botschaften der alten Märchen und Mythen zu entschlüsseln und den geheimen Sinn der Gesetzmäßigkeiten des Lebens zu begreifen.

Schließlich stand die heilige Nacht wieder bevor und das Mädchen blieb, wie im vergangenen Jahr, alleine in der Werkstatt zurück, um die letzten Arbeiten zu erledigen. Und genau, wie vor einem Jahr, klopfte es auch dieses Mal wieder an die Tür.

Das Herz der Stummen pochte heftig, als sie mit schweißnassen, zitternden Fingern den Riegel zurück schob. Noch ehe die Tür aufsprang, wusste sie schon, wer draußen sein würde.

Und tatsächlich: Wieder stand diese hochgewachsene, fremde Frau vor ihr und wieder verbarg ein wollenes Tuch ihr Gesicht.

Als die Frau in die Stube getreten war, schlug sie das Tuch zurück. Angstvoll blickte die Junge zu Boden. Sie fürchtete noch einmal jene schreckliche, verzerrte Fratze sehen zu müssen, wie in jener unseligen Nacht am Inn.

„Sieh mich an, mein Kind!", sprach die Fremde nun mit sanfter Stimme.

Ganz vorsichtig hob sie die Augen und sah in ein Gesicht, dass so wunderschön war, so sanft, so gütig und so liebevoll.

„Vor einem Jahr noch", fuhr die Frau nun fort, „warst du hart und ungerecht. Du lachtest über meine Gebote und setztest dich nach deinem Willen darüber hinweg. Ich habe dir deine Sprache nicht genommen, um dich zu strafen, sondern um dich zu lehren, auf das zu achten und zu hören, was wichtig und wesentlich im Leben ist. Du hast dich in dein Schicksal gefügt und das Beste daraus gemacht. Über deine eigene Sprachlosigkeit hast du gelernt, auf deine innere Stimme zu hören und dein Herz zu öffnen für das Wesentliche. Deshalb gebe ich dir deine Sprache wieder zurück. Achte diese Gabe von nun an und bedenke, dass Worte wie Waffen sein können. Wähle sie von nun an wohl und überlegt!"

Und ehe die junge Schneiderin begriff, was überhaupt geschehen war, hatte die fremde Frau sich umgewandt und das Haus verlassen. Als sie ihr nacheilte und die Türe öffnete, um ihr hinterher zu blicken, sah sie vor sich die ganze Gasse hinunter nichts anderes, als eine weiße, geschlossene Schneedecke, auf der nicht ein einziger Fußabdruck zu sehen war.

Das Mädchen hatte von nun an tatsächlich seine Sprache wieder gefunden. Die Eltern, die Meisterin, alle waren hoch erfreut und taten so, als hätten sie niemals am Verstand der jungen Frau gezweifelt. Sie aber wollte und konnte nicht mehr so leben, wie vorher. So packte sie eines Tages ihr kleines Bündel, ließ die kleine Stadt im Flussmäander hinter sich und zog in die Welt hinaus.

Und ihr wollt jetzt sicher wissen, was aus ihr geworden ist – oder nicht? Nun, sie ist eine Geschichtenerzählerin geworden, die von Ort zu Ort zog und den Menschen Botschaften brachte; Botschaften von den immerwährenden, verborgenen Weisheiten und den allgültigen Gesetzen des Lebens.

Für die vielen wunderbaren Ideen und Impulse zu den Märchen
1-„Der weiße Hirsch", 3-„Das Geheimnis der silbernen Muschel",
5-„Der Prinz im Hollerbusch", 7-„Der bucklige Türmer" und
11-„Der Ring der Freude" gilt mein ganz besonderer Dank folgenden Teilnehmern des Wasserburger Märchenkreises:

- Gerhard Höberth (1, 3, 5, 7, 11)

- Waltraud Söder (1, 3, 5, 7, 11)

- Trudi Huber (1, 3, 7, 11,)

- Judith Kardos (1, 3, 7, 11)

- Sabine Bogdahn (3, 5)

- Ruzica Jung (7, 11)

- Evi Schillmaier-Reiprich (3)

- Christine Schmandra (3)

- Beate Fuchs (3)

- Sandra Stapel (5)

- Angelika Gebhardt (5)

8-Der schwarze Tod
Inspiriert durch das Gedicht „Der kluge Pfifferling" von Heinrich
Seidel (1842-1906)

10-Die Hexen auf der Wasserburg:
Frei nach der Erzählung „Die Hexen von Tramosz" von
Gustav Adolf Bequer (1836-1870)

Obwohl als Grundlage für das eine oder andere Märchen ein überliefertes Ereignis als Inspiration gedient haben mag, ging es mir als Erzählerin im Verlauf der Geschichten jedoch immer vordergründig um Phantasie und Imagination und weniger um das tatsächliche historische Geschehen.

Märchen als Lebensskript im Horoskop
von Ilona Picha-Höberth

ISBN: 978-3-939078-00-5
174 Seiten

Wie beeinflussen die Märchen unserer Kindheit unsere Lebensausrichtung? Was wird aus Froschkönig und Aschenputtel? Gibt es Wege aus der Verzauberung?

Für Astrologen und Laien gleichermaßen interessant und spannend zu lesen. Und das Schönste: Vor dem Hintergrund ihrer langjährigen Berufserfahrung und anhand von praxisbezogenen Fallbeispielen beschreibt Ilona Picha-Höberth die astrologische Beratungssituation so, wie sie ist!"
Die Verbindung zwischen Lebensmärchen und Horoskop erweitert auch die Möglichkeiten für den Berater, sich sensibel in die Psyche des Klienten hineinzuarbeiten.

"Picco - ein Märchen"
Ilona Picha-Höberth
ISBN: 3-939078-11-5
96 Seiten

Picco erzählt die abenteuerliche Reise eines Märchenhelden, die - wie alle wahren Märchen - auf eine symbolische Reise in die Tiefe unserer eigenen Seele verweist, bei der es um nichts Geringeres geht, als um die Hebung unserer verborgenen inneren Schätze.

Während seines Abenteuers begegnen Picco allerlei archetypischen und phantastischen Geschöpfe, die - ohne missionarischem Eifer und erhobenem Moralzeigefinger - wertvolle und lehrreiche Botschaften für ihn haben, so u.a. ein Weiser Alter, die uralte Spinnmuhme und ein einsamer Wolf.